Bild 1 / fig. 1
Portrait de Victor Hugo,
par Louis Boulanger, 1873, © Bulloz R. M. N.

Victor Hugo

—

Heidelberg

SOCIETÄTS**VERLAG**

Satz: Fotosatz Janß, Pfungstadt
Druck und Verarbeitung: freiburger graphische betriebe
Schutzumschlaggestaltung: Jutta Schneider, Frankfurt
Printed in Germany 2002
ISBN 3-7973-0825-6

Victor Hugo

—

Heidelberg

mit
Heidelberg im Karree
von Michel Butor
und
Victor Hugo in Heidelberg
von Friedrich Wolfzettel

Herausgeber
Françoise Kloepfer-Chomard
und Jean d'Yvoire

Danksagung

Das vorliegende Werk ist – unter der Schirmherrschaft der Oberbürgermeisterin von Heidelberg, Frau Beate Weber, und des französischen Botschafters in Deutschland, Seiner Exzellenz Claude Martin, stehend – mit der Unterstützung der Kulturabteilung der französischen Botschaft in Deutschland entstanden.

Die Herausgeber danken dem Schriftsteller Michel Butor und seinem Übersetzer, Helmut Scheffel, sowie Herrn Professor Friedrich Wolfzettel von der Universität Frankfurt am Main für ihre Beiträge zu dieser zweisprachigen Version des Briefes XXVIII aus der *Rheinreise* Victor Hugos über Heidelberg.

Sie danken Herrn Professor Jörn Albrecht und seinen Studentinnen vom Institut für Übersetzen und Dolmetschen der Universität Heidelberg für ihre mühevolle Arbeit, Theresia Übelhör für ihre Übersetzung der Auszüge der « Gazette des entresols du Louvre », die Victor Hugo in seinen Anmerkungen zitiert, sowie Anne Brüske und Hélène Marchal vom Büro für universitäre Zusammenarbeit Heidelberg.

Sie sprechen Herrn Dr. Jochen Goetze vom Historischen Seminar der Universität Heidelberg ihren Dank dafür aus, daß er die vorliegende Ausgabe mit größter Sachkenntnis unterstützt hat.

Heidelberg, Oktober 2002   Françoise Kloepfer-Chomard
und Jean d'Yvoire

Remerciements

Parrainé par le Maire de Heidelberg, Madame Beate Weber et l'Ambassadeur de France en Allemagne, son Excellence Claude Martin, cette publication a bénéficié du soutien du Service culturel de l'Ambassade de France en Allemagne.

Les éditeurs remercient Michel Butor et son traducteur, Helmut Scheffel, ainsi que Friedrich Wolfzettel, professeur à l'univeristé de Francfort, pour avoir accepté de contribuer à cette édition bilingue de la lettre XXVIII du *Rhin* de Victor Hugo sur Heidelberg.

Ils remercient pour leur travail assidu le Professeur Albrecht et ses étudiantes, de l'Institut de traduction et d'interprétariat de l'Université de Heidelberg; Theresia Übelhör pour sa traduction des extraits de *La Gazette des entresols du Louvre* cités en note par Victor Hugo ainsi que Anne Brüske et Hélène Marchal, du Bureau de coopération universitaire de Heidelberg.

Ils expriment leur reconnaissance au Dr. Jochen Goetze du Séminaire d'histoire de l'université de Heidelberg, pour avoir secondé avec toute sa compétence la présente édition.

Heidelberg, octobre 2002   Françoise Kloepfer-Chomard
                                                         et Jean d'Yvoire

Bild 2 / fig. 2
Vue générale du château, de la ville et de la vallée de Heidelberg.
„*Erste allgemeine Ansicht des Schlosses, der Stadt und des Thales von Heidelberg. Vom Wege nach dem Wolfsbrunnen.* Dédiée au Sauveur de la France, au bon Père de son Peuple, Sa Majesté Louis xviii. Roi de France et de Navarre. Par le plus affectionné, le plus soumis et le plus dévoué de ses fidèles sujets Charles de Graimberg".
Charles Graimberg (1814), Graveur/Kupferstecher: C. Haldenwang (1815). 46,4 x 56,5 cm) © K.M. S 863.

INHALT

Michel Butor

Heidelberg im Karree

Aus dem Französischen von Helmut Scheffel

Für J. Y.

Im Jahre 1838 ist Victor Hugo schon sehr berühmt. Auf Theater-
bühnen feiert er Triumphe. Er hat bereits einen der größten Romane des noch jungen Jahrhunderts veröffentlicht: „Notre-Dame de
Paris" (dt. auch unter dem Titel: „Der Glöckner von Notre-Dame"). Mit seinen beiden jüngsten Gedichtbänden „Les
Chants du Crépuscule" („Herbstblätter") und „Les Rayons et les
Ombres" („Dämmerungsgesänge") ist er ebenso bekannt geworden wie Lamartine. Gewiß hatte er auch Gegner, aber keinen Riva-
len. Niemand, nicht einmal er selbst, hätte sich vorstellen können,
daß er noch berühmter werden würde, allerdings dann aus ganz anderen Gründen: durch sein Exil. Und doch haben wir, wenn auch
zu Unrecht, den Eindruck, daß sein Werk gerade erst angefangen
hat. Die Lektüre seines Buches „Der Rhein" macht mit seinem
Phantasiereichtum in der Art von Charles Nodier einen wunderbaren Eindruck von Jugendlichkeit. Ein Reichtum, der sich besonders in den Kolumnentiteln bekundet, mit denen er die Erstausgabe
verziert hat.

Der Brief über Heidelberg ist die Krönung des ersten Teils, der
Gipfel über der Zeitlücke zwischen den beiden Reisejahren, gewissermaßen deren Abhänge. Die pfälzische Ruine ist eine hyperboli-
sche Burg, und man kann das Stück „Les Burgraves" durch ihren
Filter lesen.

In dem Brief beschreibt Hugo vier Träumereien eines einsamen
Spaziergängers, die letzte, länger als die drei vorhergehenden zusammen, ist eine Suche nach Beleuchtungen, Stimmen, Inschriften
und Phantomen.

Michel Butor

Heidelberg au Carré

pour J. Y.

En 1838 Hugo est déjà très célèbre. Il triomphe au théâtre. Il a publié un des plus grands romans du jeune siècle *Notre-Dame de Paris*. Il est l'égal de Lamartine avec ses derniers recueils : *Les Chants du Crépuscule, Les Rayons et les Ombres*. Il a des ennemis certes, mais il est sans rival. Nul n'aurait pu imaginer qu'il allait devenir bien plus célèbre encore, d'une tout autre célébrité, avec l'exil. Même pas lui, évidemment. Pourtant nous avons injustement l'impression que son œuvre était à peine commencée. La lecture du *Rhin* nous apporte une merveilleuse impression de jeunesse, avec sa fantaisie à la Nodier qui paraît en particulier dans les titres courants dont il a agrémenté la première édition.

La lettre sur Heidelberg est le couronnement de la première partie, le sommet sur la trouée qui sépare les deux années du voyage, ses deux versants. La ruine palatine est un burg hyperbolique et l'on peut lire *les Burgraves* à travers son filtre.

La lettre décrit quatre rêveries d'un promeneur solitaire, la dernière plus longue dans le texte que les trois autres réunies, à la recherche d'éclairages, de voix, d'inscriptions et de fantômes.

1. Erster Spaziergang: Mittagsmahl des Geistes, Abendmahlzeit der Rätsel

An jedem Morgen während seines Aufenthalts geht Hugo am Haus zum Ritter Sankt Georg vorbei, dann überquert er die Brücke und steigt die Berge hinauf, um den Wald zu erkunden.

a. Beleuchtungen: Feuerschein, Spiegelungen des Sturzbaches

Das „Haus zum Ritter Sankt Georg" fesselt seine Aufmerksamkeit gerade deshalb ganz besonders, weil es alle Schrecknisse überlebt hat. Es ist das einzige unversehrte Gebäude, das ihn interessiert. Alle anderen Besuche Hugos gelten Ruinen. Im Jahre 1595 erbaut, ist es das einzige Gebäude, das den Feuersbrünsten in der Stadt, 1635, 1689 und 1693, entgangen ist. Die beiden letzteren sind für Hugo besonders schmerzlich, weil die Katastrophen von französischen Armeen verursacht wurden. Bei dem Brand von 1693 hebt er den Umstand hervor, daß es deutsche, von den Franzosen in einer Kirche eingesperrte Gefangene waren, die den Brand verursachten. Als Beleg zitiert er lange Passagen aus der „Gazette des entresols du Louvre":

> „Dreihundert gefangene Soldaten, die in die große Kirche gebracht worden waren, steckten die beiden Kirchtürme in Brand, und das Feuer griff auf die Stadt über; was man auch unternahm, um es zu löschen, sie brannte zu einem großen Teil nieder."

Und etwas weiter:

> „Aber die Gefangenen steckten die beiden Türme in Brand, von wo sich das Feuer auf die Häuser der Stadt und deren Vororte ausbreitete; oder es wurde zufällig an irgendwelchen Stellen gelegt und hat sich fast überall hin ausgebreitet, obwohl man sich Mühe gab, es zu löschen."

Das Jahrhundert Ludwigs XIV. verwandelt die Kirche in eine Brandbombe, um alles zu zerstören, was von jenseits des Rheins

1. Première promenade : déjeuner d'esprit,
dîner d'énigmes

Tous les matins, pendant son séjour, il passe devant la maison du Chevalier de Saint-Georges, puis il traverse le pont et s'en va dans la montagne lire la forêt.

a. Éclairages : lueurs d'incendie, reflets du torrent

La maison du Chevalier de Saint-Georges attache d'autant plus son esprit qu'elle est une survivante. C'est le seul bâtiment intact qui l'intéresse. Toutes ses autres visites sont pour des ruines. Bâtie en 1595 cette maison est la seule à échapper trois fois à l'embrasement de la ville : en 1635, 1689 et 1693. Les deux dernières dates sont particulièrement brûlantes pour Hugo du fait que le désastre a été provoqué par les armées françaises.

En ce qui concerne 1693 il insiste sur le fait que ce sont des prisonniers allemands enfermés dans une église par les Français qui ont allumé l'incendie, en citant de longs passages de la *Gazette des entresols du Louvre*.

> « Trois cents soldats prisonniers qui avaient été mis dans la grande église, mirent le feu aux deux clochers, qui se communiqua à la ville ; et quoi qu'on pût faire pour l'éteindre, en brûla la grande partie. »

Et plus loin :

> « Le marquis de Chamilly avait d'abord fait mettre les prisonniers et plusieurs bourgeois avec leurs femmes et leurs enfants dans la grande église, comme en un lieu de sûreté. Mais ces prisonniers mirent le feu aux deux clochers, d'où il se communiqua aux maisons de la ville et des faubourgs : où il avait été encore mis par hasard en quelques endroits, et s'était répandu presque partout, quelque soin qu'on prît pour l'éteindre. »

Le siècle de Louis XIV transforme l'église en bombe incendiaire

kommen konnte. In Paris wird die dramatische Beleuchtung zum Freudenfeuer.

> „Am ersten des Monats hat man in der Kirche von Notre Dame auf Geheiß des Königs das *Te Deum* für Gottes Beistand bei der Einnahme von Heidelberg gesungen. Die Kompanien nahmen mit den gewohnten Zeremonien daran teil, und am Abend gab es in allen Straßen Freudenfeuer."

Das „wunderbare" Haus ist karmesinrot und golden damasziert geblieben. Wenn man in den Wald vordringt, verändert sich die Beleuchtung völlig. Wir befinden uns in einer grünen Kathedrale mit gedämpften Strahlen, die von Wildbächen gespiegelt werden können:

> „Ich setze mich auf ausgezeichnete, mit Moos bezogene Sessel, das heißt auf grünen Samt, den der römische Gott Pales unter allen alten Eichen für den müden Wanderer geformt hat [...]. Und dann betrachte ich in der Schlucht unter meinem Thron den wunderbaren Lauf eines Baches, der von spitzem Felsgestein durchsetzt ist, an dem sich die Silbertunika der Najade in tausend Falten kräuselt [...]".

b. Stimme: Der Hirte im Gebirge

Im Inneren des Waldes gelingt es, Stille in sich selbst herzustellen, und die Naturgeräusche können sich entfernen und sich zu Musik destillieren.

> „Wenn es an dem Berg keinen Sturzbach gibt, wenn Wind, Blätter und Gras schweigen, wenn der Ort sehr ruhig, sehr verlassen und weit von jeder Stadt, jedem Haus und selbst jeder Hütte entfernt liegt, bringe ich in mir selbst zum Schweigen, was ohne Unterlaß in uns murmelt, und ich lausche dem Lied eines jungen Bergbewohners, der versteckt hinter den Zweigen, da hinten in der Ferne, unter oder über mir, seine Ziegen weidet. Nichts ist melancholischer und süßer als das urtümliche Jodeln, das ein armer unsichtbarer kleiner Ziegenhirt tief im Schatten für die Ein-

pour détruire tout ce qui pourrait venir de l'autre côté du Rhin. Cet éclairage dramatique devient à Paris feux de joie:

« Le premier de ce mois, on chanta en l'église Notre-Dame, par l'ordre du roi, un *Te Deum* en actions de grâces de la réduction de Heidelberg. Les Compagnies y assistèrent avec les cérémonies accoutumées ; et le soir, il y eut des feux dans toutes les rues. »

La maison « miraculeuse » en est restée vermeille et damasquinée d'or. Quant on s'enfonce dans la forêt, l'éclairage change complètement. C'est la cathédrale verte avec ses rayons tamisés que peuvent renvoyer les torrents :

« Je m'assieds dans ces excellents fauteuils revêtus de mousse, c'est-à-dire de velours vert, que l'antique Palès creuse au pied de tous les vieux chênes pour le voyageur fatigué … Et puis je regarde couler au-dessous de mon trône, dans le ravin, quelque admirable ruisseau semé de roches pointues où se fronce à mille plis la tunique d'argent de la naïade … »

b. Voix : le pâtre dans la montagne

À l'intérieur de la forêt, on réussit à faire silence en soi-même et les bruits naturels peuvent s'éloigner pour se distiller en musique.

« Si le mont n'a pas de torrent, si le vent, les feuilles et l'herbe se taisent, si le lieu est bien calme, bien désert, bien éloigné de toute ville, de toute maison, de toute cabane même, je fais faire silence en moi-même à tout ce qui murmure sans cesse en nous, et j'ouvre l'oreille aux chansons de quelque montagnard perdu dans les branches avec son troupeau de chèvres, là-bas, bien loin, au-dessus ou au-dessous de moi. Rien n'est mélancolique et doux comme la tyrolienne sauvage chantée dans l'ombre par quelque chevrier invisible, pour la solitude qui l'écoute. Quel-

samkeit erklingen läßt, die ihm zuhört. Manchmal vernimmt man in dem ganzen großen Berggebiet nichts als eine Kinderstimme.

Die Bewohner dieser Nachbarwälder des Schwarzwaldes kennen eine Art von helldunklem Gesang, die bezaubert."

Dem Beispiel Chateaubriands folgend machten sich die französischen Romantiker auf den Weg in den Orient, zunächst Lamartine, dann Gautier und Nerval, bis hin zum jungen Flaubert. Hugo reist nicht so weit, doch wirkt seine Reise nach Deutschland wie ein Vorspiel zu einer viel größeren Reise. In seinem „William Shakespeare" schreibt er dann später: „Deutschland ist das Indien des Okzidents." Für ihn ist Deutschland das am nächsten liegende Land, in dem man den Ursprung der Poesie finden kann. Die deutsche Literatur, so bedeutend sie auch sei – und es ist bekannt, welchen ungeheuren Einfluß das Werk Goethes auf alle unsere Romantiker hatte –, steht jedoch immer noch an ihrem Anfang. Die Musik spielt darin die Rolle einer Art von Literatur. Sie ist die Sprache vor der Sprache, das heißt der einzigartige Ausdruck der Natur und des Widerstehens.

„Die Musik ist Deutschlands Sprache. Das deutsche Volk, als Volk so eng verbunden, so frei im Denken, singt mit einer dunklen Liebe. Singen ist wie eine Befreiung. Was man nicht sagen und was man nicht verschweigen kann, von der Musik wird es ausgedrückt. So ist Deutschland Musik in der Erwartung, daß es Freiheit werde. Die Liedmusik, deren Meisterwerk Schuberts „Erlkönig" ist, gehört zum deutschen Leben. Der Gesang gleicht in Deutschland der Atmung."

c. Inschriften: Verse und Revolutionen

Der Gesang, der sich dem Spaziergänger nähert, wird Sprache und Wiedererkennen. Wenn dieser Spaziergänger allmählich bekannt und akzeptiert ist, grüßt man ihn mit einem vertraulichen „Goodtag!" Das damit gezähmte Sprechen ist festgehalten in Inschriften, die geduldig ihrer Entzifferung harren.

quefois, dans toute une grande montagne, il n'y a que la voix d'un enfant.

Les montagnards de ces forêts voisines de la Forêt-Noire ont une espèce de chant clair-obscur qui est charmant. »

Suivant l'exemple de Chateaubriand, les romantiques partent interroger le Proche-Orient ; d'abord Lamartine, puis Gautier, Nerval et jusqu'au jeune Flaubert. Hugo ne va pas si loin, mais son voyage en Allemagne est comme l'esquisse d'un voyage beaucoup plus lointain. Dans le *William Shakespeare,* il dira que « l'Allemagne est l'Inde de l'Occident ». Pour lui l'Allemagne est la région la plus proche où l'on puisse voir l'origine de la poésie. La littérature allemande pour lui, si grande qu'elle soit, et l'on sait quelle immense influence l'œuvre de Goethe a eu sur celle de tous nos romantiques, est pourtant encore à venir. La musique y joue le rôle d'une sorte de pré-littérature. Elle est le langage avant le langage, donc l'expression par excellence de la Nature et de la résistance.

« La musique est le verbe de l'Allemagne. Le peuple allemand, si comprimé comme peuple, si émancipé comme penseur, chante avec un sombre amour. Chanter, cela ressemble à se délivrer. Ce qu'on ne peut dire et ce qu'on ne peut taire, la musique l'exprime. Aussi toute l'Allemagne est-elle musique en attendant qu'elle soit liberté … La Liedermusik, dont *Le Roi des Aulnes* de Schubert est le chef-d'œuvre, fait partie de la vie allemande. Le chant est pour l'Allemagne une respiration. »

c. *Inscriptions : versets et révolutions*

Le chant en s'approchant du promeneur, devient langage et reconnaissance. Quand le voyageur commence à être connu et accepté dans les villages, on le salue d'un « bonjour » familier. Et la parole ainsi apprivoisée se fixe dans les inscriptions qui attendent paisiblement son déchiffrage.

Das „Haus zum Ritter Sankt Georg" bietet ihm so etwas wie ein dreieckiges kalligraphisches Rätsel in drei Sentenzen: auf der Grundlinie ein aus der Bibel stammender Talisman, der das Haus bei all den Bränden schützt.

„Si Jehova non ædificet domum, frustra laborant ædificantes eam." (Wenn nicht Jehova das Haus erbaute, arbeiteten seine Bauleute vergeblich.)

In der Mitte ein Renaissance-Ausruf:

„Praestat invicta Venus" (Vorrang der unbesiegten Venus)

Ganz oben drei abgehobene Wörter:

„Soli. Deo. Gloria." (Was heißen kann: „Zum Ruhme des einzigen Gottes" oder „Zum Ruhme der Sonne Gott")

Es ist, als ob der Lichterschein des Brandes sich unter dem schützenden Blick des alttestamentarischen Gottes in eine wohnliche Glut verwandelt hätte, die die Flammen des Begehrens ebenso wie die des Tageslichts in sich vereinigte. Bei der Fortsetzung seiner Wanderung sucht Hugo nach anderen Kombinationen. Er entdeckt dabei an einer Bauernkate eine Art Rebus oder eine Hieroglyphe, zusammengesetzt aus zwei roten Sandsteinplatten von einem Gebäude, dem der Schutz des Gottes der Armeen gefehlt hat und die zu beiden Seiten der Tür von einem Bauern angebracht waren, einer Art Instrumentarium des poetischen Schicksals. Auf der rechten Seite:

„Der gekrönte bayerische Löwe mit Reichsapfel und Zepter, der fast reliefartig aus einer roten Sandsteinplatte herausgearbeitet war"

und links:

„ein großes Flachrelief, das eine Faust darstellte, die verkrampft auf einem Holzblock lag und von einer Axt halb gespalten war. Über der Axt konnte man von dem Datum nur noch 16.. lesen;

Ainsi la maison du Chevalier de Saint-Georges lui propose une sorte d'énigme calligraphique triangulaire en trois sentences. À la base un talisman venu de la Bible qui protège la maison au milieu de tous les incendies :

« Si Jehova non aedificet domum, frustra laborant aedificantes eam. » (Si Jehova ne bâtissait pas la maison, en vain travailleraient ses bâtisseurs.)

Au milieu une exclamation renaissance :

« Praestat invicta Venus. » (Prévaut Vénus invaincue.)

Trois mots détachés tout en haut :

« Soli. Deo. Gloria. » (Ce qui peut vouloir dire : « à la gloire du seul Dieu » ou « à la gloire du Soleil Dieu ».)

C'est comme si les lueurs de l'Incendie s'étaient concentrées en une braise habitable sous le regard protecteur du Dieu de l'Ancien Testament, accueillant les flammes aussi bien du désir que du jour. Continuant sa promenade il cherche d'autres combinaisons. Il découvre ainsi une sorte de rébus ou de hiéroglyphe composé de deux lames de grès rouge provenant de quelque édifice à qui a manqué la protection du Dieu des Armées, rassemblées de part et d'autre de sa porte et de sa fenêtre par un paysan instrument du destin poète. À droite :

« le lion de Bavière couronné, portant le globe et le sceptre, sculpté presque en ronde bosse, »

à gauche :

« grand bas-relief représentant un poing crispé sur un billot et à demi entaillé par une hache. Au-dessus de la hache, cette date ef-

unter dem Holzblock stand ein anderes Datum: 1731; und zwischen den Daten das Wort: RENOVATUM."

Die beiden Elemente sind vielleicht ganz unterschiedlichen Ursprungs, doch der Bauer hat sie so aneinandergefügt, daß sich der Löwe „verwirrt und wütend nach dieser halb gespaltenen Faust" umzusehen scheint. Der bearbeitete Stein und der Pflanzenwuchs halten das alles zusammen. Eine Weinranke voller Trauben verbirgt dem allzu eiligen Spaziergänger einen weiteren Teil der Inschrift über der gespaltenen Faust: „Burg-Freyheit". Über Zerstörungen und Strafen hinweg haben Bilder überlebt und sich erneuert. Den Schlössern, dann den Städten, vorausgesetzt ihre Gründungen sind durch Tugenden und Religion gesichert, ist es gelungen, ihre Freiheit zu bewahren. Die Elemente des Rebus entsprechen den drei Inschriften am Haus des Ritters. Der Löwe, wütend darüber, das Spalten der Faust ansehen zu müssen, ist eine Art heraldischer Jehova, der außer sich ist, weil er in der englischen oder französischen Revolution die Köpfe der Könige rollen sieht. Der Weinstock der Erneuerung bietet uns den Wein der Venus an, um die gemordete Bevölkerung neu zu erschaffen, was uns der Sonne der Freiheit entgegenführen wird.

d. Phantom: der fahrende Ritter

1595 sagt uns das Haus; 16.., dann 1731 sagt uns das Gemäuer. Zwischen diesen Daten läßt Hugo die der Brände wüten: 1635 während des Dreißigjährigen Krieges, dann 1689 und 1693 während des Krieges Ludwigs XIV. Die Auslassungspunkte erklären sich durch diese Flammen. Wir wissen nichts über den Ritter Sankt Georg, außer daß er offensichtlich ein Dichter war, der der Stadt ihr Wappen schenkte, mit Texten, die über den unzulänglich wieder aufgebauten Häusern glänzen. Mit seinem lanzenartigen Giebel schützt er die von dem gierigen Drachen verfolgten Einwohner. Die von Hugo in seiner langen Anmerkung zitierte Gazette vom 6. Juni 1693 bemerkt: „Die Stadt war eingenommen; die Soldaten, Reiter und Dragoner drangen von allen Seiten ein und begannen sie

facée, 16.. ; au-dessous du billot, cette autre date, 1731, entre les deux dates, ce mot RENOVATUM »

Les deux éléments ont peut-être des origines très différentes, mais le paysan collagiste les a arrangés de telle sorte que le lion « se tourne irrité et presque furieux vers ce poing à moitié coupé ». L'architecture d'ensemble et la végétation lient tout cela. Un cep de vigne chargé de raisins cache au promeneur trop pressé une autre partie de l'inscription au-dessus du poing coupé : « Burg-Freyheit ». À travers destructions et châtiments les images réussissent à survivre et se renouveler. Les châteaux, puis les villes, pourvu que leurs fondations soient vertueusement, religieusement assurées, parviennent à maintenir leur liberté. Les éléments du rébus de la masure correspondent aux trois inscriptions de la maison du Chevalier. Le lion, furieux de voir la hache trancher le poing, est une sorte de Jehova héraldique effaré de voir rouler les têtes des rois lors des révolutions anglaise ou française. La vigne de la rénovation nous propose le vin de Vénus pour reconstituer la population massacrée, ce qui nous amènera vers le soleil de la liberté.

d. Fantôme : le chevalier errant

1595, nous dit la maison ; 16.. puis 1731, nous dit la masure. Entre ces dates Hugo fait rouler celles des incendies : 1635, pendant la guerre de Trente ans, puis en 1689 et 1693 pendant la guerre de Louis XIV. Les points de suspension sont explicités par ces flammes. Nous ne savons rien du Chevalier de Saint-Georges sinon que c'était évidemment un poète, donnant à la ville son blason de textes qui brillent au-dessus des maisons mal reconstruites. Avec son pignon en forme de lance il abrite les populations persécutées par le dragon dévorateur. La gazette du 6 juin 1693, citée par Hugo dans sa longue note, nous précise que « la ville était prise ; les soldats, les cavaliers et les dragons y entrèrent de toutes parts et commencèrent

zu plündern." Sicher war es das Phantom des Ritters, das den Bauern bei seiner Komposition des prophetischen Rebus inspirierte.

2. Zweiter Spaziergang:
vom Philosophenweg zum Pluto-Kopf

Am Abend des Tages, an dem er die Hieroglyphe des Gemäuers entziffert hat, steigt Hugo auf die benachbarten Berge und entdeckt ein Loch; an einem anderen Tag ist es ein Turmgemäuer.

a. Beleuchtungen: helles Licht in der Nacht, flammende Reisigbündel

Nach einem dramatischen Sonnenuntergang geht der Mond auf und erfüllt den ganzen Himmel. „Weder eine Wolke noch ein Stern. Dies war der große Tag für die Nacht, der monatlich nur einmal kommt." Wir haben also Vollmond. Die Sicht reicht so weit, daß sich die Landschaft in eine große, fast runde Landkarte verwandelt gleich jener, die Jesus Christus gesehen haben muß, als Satan ihn auf den Berg führte. Hugo bemerkt dort eine viereckige Grube, einen dunklen Abgrund. Beim Hinabsteigen sieht er „zwischen den Bäumen auf einem benachbarten Gipfel eine Turmruine, die vermutlich mit der Grube in Zusammenhang steht und deren Bedeutung inzwischen vergessen ist."

Sehr wahrscheinlich ist er am nächsten Tag auf den anderen Hügel gestiegen und hat sich zu dem großen Turm begeben, wahrscheinlich viereckig wie die Grube, mit vier verwitterten Zinnen, in dem sich Bauern eingerichtet und ein riesiges Reisigfeuer entfacht haben. Diese Ruine ist für ihn „der schwarze und ungeheuerliche Kopf eines erschreckenden Pluto, der sein flammenspeiendes Maul aufreißt und mit seinen Glutaugen über den Hügel schaut."

à la piller… » C'est sans doute le fantôme du Chevalier qui a inspiré le paysan dans sa composition du rébus prophétique.

2. Deuxième promenade : du chemin des philosophes à la tête de Pluton

Le soir même du jour où il a déchiffré le hiéroglyphe de la masure, il monte jusqu'aux montagnes environnantes et découvre un trou ; un autre soir c'est une masure-donjon.

a. Éclairages : grand jour de la nuit, flambée de fagots

Après un coucher de soleil dramatique, la lune se lève et remplit tout le ciel. « Ni un nuage, ni une étoile. C'était ce grand jour de la nuit qui arrive une fois par mois. » Nous sommes donc lors de la pleine lune. Le point de vue est tellement aérien que le paysage se transforme en une grande carte géographique presque circulaire, comme celle que Jésus-Christ dut voir quand Satan le transporta sur le sommet de la montagne. Il aperçoit alors une excavation carrée, un gouffre d'ombre. En redescendant, il verra « dans les arbres, sur un sommet voisin, une tour en ruine à laquelle se rattache sans doute l'excavation dont la signification est perdue aujourd'hui ».

Et c'est sans doute le lendemain qu'il monte sur cette autre croupe, et qu'il s'approche de cette grosse tour vraisemblablement carrée comme l'excavation, avec quatre grands créneaux usés, à l'intérieur de laquelle vivent des paysans qui y ont allumé un grand feu de fagots. Cette ruine devient alors « la tête noire et monstrueuse d'un effrayant Pluton ouvrant sa gueule pleine de feu et regardant par dessus la colline avec ses yeux de braise ».

b. Stimme: der sprechende Busch

Das in diesem Plutokopf brennende Reisigbündel muß ebenso riesig sein wie jenes, das die alte Waldnymphe im Mondschein auf ihrem Rücken trägt, die Stimme des Waldes, die ihr gesprochenes Etikett zu dem großen viereckigen Loch mit einem kleinen Viereck in der Mitte eines abgerundeten Blocks trägt. Noch bevor er sie hat sehen können, hört er dreimal die Erklärung: „Heidenloch", auf die er zweimal antwortet: „Wer ist da?" Und erst danach erkennt er die Alte, die noch zweimal den geheimnisvollen Namen wiederholt.

c. Inschriften: heidnische Überreste

Überall in der Region haben zahlreiche heidnische Völker rätselhafte Spuren hinterlassen; jene der klassischen Antike, die hellsten, beleuchten die anderen wie ein Mondschein. Selbst die Stufen des Philosophenwegs werden aus einiger Entfernung von Unwissenden den Riesen, von den Gelehrten den Römern zugeordnet:

> „Übrigens haben die Heiden, das heißt die Sikambrer, wie die einen sagen, die Römer, wie andere behaupten, in den volkstümlichen Überlieferungen tiefe Spuren hinterlassen, die sich hier überall mit der Geschichte vermischen und sie überlagern. In Lorch, am Eingang des Wispertals, gibt es ein weiteres ‚Heidenloch‘. In Winkel am Rhein, dem alten Vinicella, gibt es eine ‚Heidengasse‘ und in Wiesbaden, dem ehemaligen Visibadum, eine ‚Heidenmauer‘."

Der Eindruck eines Palimpsests ist so stark, daß die Bauern auch Überreste aus viel späterer Zeit einer heidnischen Epoche zuweisen. Das heißt, daß die Antike, oder vielmehr deren Überreste, immer wieder in deutschen Landschaften auftauchen.

Doch das Gegengewicht zum Heidenloch auf dem Berg ist für Hugo vor allem die Stadt Heidelberg im Tal.

b. Voix : le buisson qui parle

Le fagot qui brûle dans cette tête de Pluton doit être aussi énorme que celui que porte sur son dos au clair de lune la vieille dryade, la voix de la forêt, qui apporte au grand trou carré, avec un petit carré creusé au milieu d'un bloc arrondi au fond, son étiquette orale. Avant qu'il ait pu la voir, il entend trois fois cette déclaration : « Heidenloch » (le trou des païens) à laquelle il répond par deux fois : « Qui va là ? » Et c'est seulement après qu'il identifie la vieille, laquelle répète encore par deux fois le nom mystérieux.

c. Inscriptions : vestiges des païens

Partout dans la région d'obscurs et innombrables peuples païens ont laissé des traces énigmatiques ; celles de l'antiquité classique étant les plus claires, éclairant les autres comme un clair de lune. Même les marches du sentier des philosophes à partir d'une certaine distance, sont attribuées par les ignorants aux géants et par les savants aux Romains :

> « Au reste, les païens, c'est-à-dire les Sicambres, selon les uns, et les Romains, selon les autres, ont laissé des traces profondes dans les traditions populaires qui se mêlent partout à l'histoire et l'encombrent. À Lorch, à l'entrée du Wisperthal, il y a un autre *trou des Païens* aussi nommé Heidenloch. À Winkel, sur le Rhin, l'ancienne Vinicella, il y a la *rue des Païens,* Heidengass ; et à Wiesbade, l'ancien Visibadum, il y a le *mur des Païens,* Heidenmauer. »

Ce sentiment du palimpseste est si fort que les paysans attribuent une antiquité païenne à des vestiges bien postérieurs. C'est que l'antiquité, ou plutôt les antiquités transparaissent toujours dans la campagne allemande.

Mais le contrepoids du Heidenloch dans la montagne pour Hugo, c'est avant tout le Heidelberg dans la vallée.

d. Phantom: die Bewohnerin des Mondes

Zunächst erscheint sie wie die Silhouette eines Busches vor dem Mond, dann kommt sie immer näher, geht am Erzähler vorbei und wird von den Strahlen beleuchtet. Erst in diesem Augenblick erscheint sie als eine alte Frau, die zu ihrer Hütte zurückkehrt. Nachdem er sie mit ein paar Kreuzern beschenkt hat, dankt sie ihm mit einem Brummen, wird wieder zum Buschwerk, versinkt in der Erde und „verschwindet wie eine Erscheinung". Man hat den Eindruck, daß Hugo, wenn er sich umdrehte, sie als Sternbild sich abzeichnen sähe.

3. Dritter Spaziergang: zwei Burgen von vieren

Der ganze Text von „Der Rhein" folgt dem Lauf des Stromes, eine Grenze, die, gemäß der großen Rede am Ende, zwischen dem französischen und dem deutschen Boden bestehen müsse, eine Grenze, die nicht nur trennt, sondern auch ein Instrument der Verbindung bilden müsse. Erst in dem Brief über Heidelberg, dem Höhepunkt des ersten Teils, über das Schloß, das das Tal zwischen zwei Reisejahren überragt, dringt der Dichter in die Wälder dieses europäischen Indiens ein. Die Stadt ist nur eine Station, von der aus er es mehrmals wagt, bis in die sinnbildliche Gegend von Neckarsteinach vorzudringen. Der Neckar ist ein im rechten Winkel zum Rhein verlaufender Durchbruch und umgibt mit seinem stählernen Arm die Stadt, die von den langen Schatten der vier hoch gelegenen Burgen bedroht wird, die wie eine Verlängerung der vier Zähne oder Zinnen von Plutos Schädelschalen sind.

> „Vier alte Burgen auf vier Felskuppen wie vier Geier, die sich ansehen; zwischen den vier Bergfrieden scheint sich eine kleine alte Stadt voller Entsetzen auf den Gipfel eines konischen Bergs geflüchtet zu haben, wo sie sich hinter ihre Mauern duckt und seit sechs Jahrhunderten beobachtet, was die Burgen im Schilde führen."

d. *Fantôme : l'habitante de la lune*

D'abord elle apparaît comme un buisson en silhouette devant la lune, puis elle se rapproche de plus en plus, passe de l'autre côté du narrateur pour se laisser éclairer par les rayons. C'est seulement à ce moment qu'elle apparaît comme une vieille femme regagnant sa chaumière. Dès qu'il l'a remerciée par l'obole de quelques kreutzers, elle remercie avec un grognement puis redevient broussaille, s'enfonce dans la terre, « et s'évanouit comme une apparition ». On a l'impression que s'il se retournait, il la verrait se dessiner dans l'astre.

3. Troisième promenade : deux châteaux sur quatre

Tout le texte du *Rhin* suit le cours du fleuve, frontière selon le grand discours final que devraient avoir les terres françaises et allemandes, frontière qui ne devrait pas être seulement une limite, mais un instrument de communication. C'est seulement dans cette lettre sur Heidelberg, point culminant de la première partie, château surmontant la vallée entre les deux années du voyage, que le poète s'enfonce dans les forêts de l'Inde européenne. La ville n'est qu'une étape à partir de laquelle il ose à maintes reprises s'aventurer vers la région emblématique de Neckarsteinach. Le Neckar est une trouée perpendiculaire à celle du Rhin, et il entoure de son bras d'acier la ville menacée par les ombres surplombantes de quatre châteaux qui sont comme le développement des quatre crocs ou créneaux de la masure crâne de Platon.

> « Quatre vieux châteaux sur quatre bosses de rochers comme quatre vautours qui se regardent ; entre ces quatre donjons une pauvre vieille ville semble s'être réfugiée avec épouvante au sommet d'une montagne conique, où elle se pelotonne dans ses murailles, et d'où elle observe depuis six cents ans l'attitude formidable des châteaux. »

Zwei dieser Burgen verbinden das Ganze mit der Gegenwart: Es ist eine „Wiederverwendung", wie man in der Archäologie sagt. Die heutige Zeit benutzt unverändert diese jahrhundertealten Zeugen. In jüngster Zeit hat man aus der einen einen Bauernhof gemacht, aus der anderen ein Sommerhaus. Doch es sind die beiden anderen, „völlig verfallen, zerstört und verlassen", die Hugo veranlaßt haben, noch mehrmals zurückzukehren.

Die erste heißt „Schwalbennest"; sie ragt tatsächlich vor, wie an den Rand des Himmels geklammert, den sie bedrohen will. Die zweite wird nur die „namenlose Burg" genannt. Sie „hat keinen Namen, keine Geschichte, sozusagen kein Datum, sie hat fast keine Form mehr und wirkt dennoch ungeheurer als das Schwalbennest".

a. Beleuchtungen: die Abendrampe und die der Nacht

Die Landschaft wird zu einer Bühne, auf der man „Les Burgraves" spielen könnte.

> „Zu gewissen Stunden ist das Ganze keine Landschaft mehr, sondern eine Bühne, und man wartet auf den Moment, da die Schauspieler, die Stadt und die Burgen, dieses Gewimmel von Zwergen und diese vier steinernen Riesen, wieder lebendig werden und mit ihrem Auftritt beginnen."

Zunächst herrscht Tagesbeleuchtung mit vorüberziehenden Wolken am Oktoberhimmel, doch die Dämmerung verleiht hier dem Ganzen besondere Bedeutung. Jede der beiden Ruinen hat Fensterhöhlen. Der große Saal des *Schwalbennestes* hat weder Decke noch Dach mehr, doch noch dreizehn große Fensteröffnungen, wie Logen, aus denen man das Schauspiel des Tales bewundern kann.

> „Als ich dort war, gab eine von ihnen in der untergehenden Sonne den Rahmen ab für einen herrlichen Claude Lorrain."

Die namenlose Burg läßt sich aus der Ferne nur dank eines sie überragenden viereckigen Turmes als Menschenwerk erkennen.

Deux de ces châteaux rattachent l'ensemble au présent ; ce sont des « réemplois » comme on dit en archéologie. L'époque récente utilise et transforme ces témoins séculaires. De l'un on a fait une métairie, de l'autre une maison de plaisance. Mais ce sont les deux autres « complètement ruinés, dévastés et déserts, » qui l'ont fait revenir plusieurs fois.

Le premier s'appelle « le nid d'hirondelle » ; il est en effet en surplomb, comme accroché au bord du ciel qu'il veut menacer. Le second ne sera nommé que « le burg sans nom ». Il « n'a pas de nom, n'a pas d'histoire, n'a pas de date pour ainsi dire, n'a presque plus de forme, et est beaucoup plus formidable encore. »

a. Éclairages : la rampe du soir et celle de la nuit

L'ensemble du paysage devient une scène où jouer *les Burgraves*.

> « À de certaines heures cet ensemble n'est pas un paysage, c'est une scène, et l'on attend l'heure où les acteurs, cette ville et ces châteaux, cette fourmilière de nains et ces quatre géants pétrifiés, vont reprendre vie et commencer. »

L'éclairage est d'abord diurne, avec les passages des nuages d'octobre, mais le crépuscule y est particulièrement significatif.

Chacune des deux grandes ruines est percée de fenêtres. Dans la grande salle du *Nid d'hirondelle* il ne reste plus ni toit ni plafond, mais il y a encore treize croisées toutes grandes ouvertes comme des loges pour admirer l'opéra de la vallée.

> « Au moment où j'y étais, le soleil couchant encadrait dans l'une d'elles un Claude Lorrain magnifique. »

Quant au burg sans nom, seule une tour carrée qui le domine encore permet de l'identifier de loin comme une construction humaine. Si on l'oublie,

„Wenn man für einen Augenblick den eckigen Turm vergißt, der noch heute die Burg überragt, ist es kein Bergfried mehr, auch keine Ruine, noch nicht einmal eine ärmliche Hütte, es ist kein Gebäude mehr mit einer menschlichen Gestalt (denn der Mensch prägt dem Gebäude seine Gestalt auf): sondern es ist ein Block, ein ausgehöhlter Klumpen, ein wie Lungengewebe durchlöcherter Felsen, eine riesige Schwammkoralle; und dies alles wird von der Vegetation, diesem schrecklichen Polypen, mit all seinen Antennen, all seinen Füßen, seinen Fingern, all seinen Hälsen, seinen Tentakeln, seinen Rüsseln und seinen Haaren durchdrungen und mit einem undurchdringlichen Gewirr ausgefüllt."

Der eckige Turm hat nur eine Tür, doch ein anderer Turm, rund, fast verborgen und schwierig zu finden, birgt ein erstaunliches Beobachtungssystem: Vier Schießscharten gleichen einer Spur, die nicht von Menschen hinterlassen wurde, sondern von einem früheren Wesen, das sich in gewissen Menschen inkarniert, man könnte sagen, einem Totem.

„Stellen Sie sich das Innere einer Form vor, in der man die Klaue eines Riesenadlers gießen wollte."

Um in diesem visionären Gemäuer vorzudringen, findet Hugo zu einer ursprünglichen Tierhaftigkeit zurück; nur mit größter Mühe kommt er vorwärts, indem er „in dem Strauchwerk einen Lärm macht wie ein wildes Tier".

Von den vier Schießscharten aus könnte der Burggraf-Adler gleichzeitig vier Bühnenbilder betrachten: den Berghang, das *Schwalbennest*, die auf dem Hügel ausgedehnte Stadt und durch die letzte die beiden anderen Burgen des Tals. Hugo ist bei Sonnenuntergang gekommen, was ihm erlaubt, das *Schwalbennest* durch die Schießscharte hindurch zu zeichnen. Dann wird es dunkel, und in der Ruine herrscht tiefste Nacht. Noch ist der Mond nicht aufgegangen.

„Ich hatte es eilig wegzukommen, fühlte mich unbehaglich, wußte nicht, wie ich mit den Händen die Finsternis abtasten sollte und suchte mit der Stockspitze nach einem Weg durch die Steine."

« ce n'est plus un donjon, ce n'est plus une ruine, ce n'est plus une masure, ce n'est plus un édifice ayant forme humaine (car l'homme imprime la forme à l'édifice) ; c'est un bloc, une masse caverneuse, un rocher percé comme un poumon de trous et de caecums ; c'est un énorme madrépore que pénètre et que remplit inextricablement de toutes ses antennes, de tous ses pieds, de tous ses doigts, de tous ses cous, de toutes ses spirales, de tous ses becs, de toutes ses trompes, de toutes ses chevelures, la végétation, ce polype effrayant. »

La tour carrée n'a qu'une porte, mais une autre tour, cylindrique, presque secrète, très difficile à retrouver, comporte un remarquable système d'observation, quatre meurtrières qui sont comme l'empreinte non pas d'un homme, mais d'une créature antérieure qui s'incarne dans certains hommes, d'un totem pourrait-on dire :

« Figurez-vous le dedans d'un moule où l'on aurait fondu le pied d'un aigle colossal. »

Hugo lui-même pour pénétrer dans cette demeure « visionnée » retrouve une animalité fondamentale ; il n'entre là qu'avec beaucoup de peine, « en faisant dans les broussailles un bruit de bête fauve. »
Depuis les quatre meurtrières, l'aigle-burgrave pouvait voir quatre scènes à la fois : le revers de la montagne, le *Nid d'hirondelle*, la ville ramassée sur la colline, et par la dernière les deux autres châteaux de la vallée. Hugo est arrivé au coucher du soleil, ce qui lui permet de dessiner le *Nid d'hirondelle* dans le cadre de sa meurtrière. Puis la nuit arrive, et dans cette ruine, c'est la nuit noire. La lune n'est pas encore levée.

« Je me suis hâté de m'en aller, assez mal à mon aise, ne sachant où poser mes mains dans les ténèbres et tâtonnant à travers les pierres du bout de ma canne. »

Er gelangt endlich ins Freie, „unter den tiefblauen, sternenbesäten und strahlenden Himmel, der mir wie ein riesiges, goldbetupftes Wasserbecken aus Lapislazuli zwischen zwei Bergen erschien".

Der von Tag zu Tag natürlich leicht abnehmende Mond geht heimlich auf, während Hugo in die Stadt mit ihren Studenten zurückkehrt, die er nur unter dieser Beleuchtung erwähnt, als wären sie während des Tages in ihrem Studium eingemauert.

b. Stimmen: Tagesmusik, Nachtmusik

Die finstere Nacht der namenlosen Burg setzt ein makabres Orchesterspiel in Gang, das gewissermaßen das Gegenstück zu einer Pastoralsinfonie ist.

> „Sie kennen diesen wunderbaren Aufruhr, der sich im April bei Sonnenaufgang in einem Hochwald erhebt; von jedem Blatt steigt ein Klang auf, von jedem Baum eine Melodie; die Grasmücke zwitschert, die Ringeltaube gurrt, der Distelfink trällert, der Spatz, dieser fröhliche Pfeifer, tschilpt durch das Ganze lustig hindurch. Der Wald ist ein Orchester. All diese beflügelten Stimmen singen gleichzeitig und verbreiten auf den Hügeln und in den Ebenen die geheimnisvolle Sinfonie des großen unsichtbaren Musikers."

Für Hugo ist Musik die im Augenblick ihres Entstehens erfaßte Sprache. Während andere Schriftsteller erwarten, daß man ihren Versen etwas Musik verleiht, betrachtet er gewissermaßen das Auftauchen der Wörter wie einen Wellenschaum auf dem Ozean der Musik oder wie das erste Aufsprießen der Blätter im Frühlingswald. So schreibt er im „William Shakespeare":

> „Der Regen, der die Erde befruchtet, kommt über die Wolken aus dem Meer; und die Ideen, die in die Seelen dringen, kommen aus Deutschland.
>
> Deshalb kann man sagen, daß die größten Dichter Deutschlands seine Musiker sind, eine wunderbare Familie, deren Oberhaupt Beethoven ist."

Quand il sort, il est accueilli par le ciel « bleu, vague, étoilé et splendide…, comme une immense vasque de lapis-lazuli pailleté d'or,
dans un écartement de montagnes. »

La Lune qui naturellement décroît légèrement de jour en jour, se
lève subrepticement tandis qu'il retrouve Heidelberg et ses étudiants qu'il évoque dans cette seule lumière, comme si le jour ils
étaient murés dans leurs études.

b. *Voix : musique diurne, musique nocturne*

La nuit noire du burg sans nom déclenche un orchestre macabre,
qui est en quelque sorte le négatif d'une Symphonie pastorale :

> « Vous savez cet adorable tumulte qui éclate dans une fûtaie, en
> avril, au soleil levant ; de chaque feuille jaillit une note, de chaque
> arbre une mélodie ; la fauvette gazouille, le ramier roucoule, le
> chardonneret fredonne, le moineau, ce joyeux fifre, siffle gaie-
> ment à travers le tutti. Le bois est un orchestre. Toutes ces voix
> qui ont des ailes chantent à la fois et répandent sur les collines et
> les prairies la symphonie mystérieuse du grand musicien invisi-
> ble. »

Pour Hugo la musique est la parole saisie au moment de son inven-
tion même. Alors que d'autres écrivains voudraient que l'on dépose
un peu de musique le long de leurs vers, lui assiste en quelque sorte
à l'émergence des mots comme à une écume sur l'océan de la musique, ou à la floraison dans les clairières de la forêt primordiale. Ainsi, dans le *William Shakespeare* :

> « C'est par le nuage que ces pluies qui fécondent la terre sortent
> de la mer ; c'est par la musique que ces idées qui pénètrent les
> âmes sortent de l'Allemagne.
>
> Aussi peut-on dire que les plus grands poètes de l'Allemagne
> sont ses musiciens, merveilleuse famille dont Beethoven est le
> chef. »

Die Adlerklaue der namenlosen Burg in der finsteren Nacht ist der Schlüssel zu einer Musik jenseits des Schweigens; die Ruine wird zu einem Öffnungsspalt zur Hölle:

„Auf der namenlosen Burg ist es in der Dämmerung ebenso, allerdings ins Schauerliche gewendet. Alle Schattenungeheuer erwachen und beginnen umherzukrabbeln. Die Fledermaus schlägt mit ihren Flügeln, die Spitzmaus hämmert mit ihren Zähnchen an den Mauern, die Kröte läßt ihr abscheuliches Wimmern ertönen. Ich weiß nicht, welches giftige und düstere Leben zwischen den Steinen, Gräsern und Zweigen herumkriecht. Dumpfes Brummen, merkwürdiges Klopfen, Gekreisch, Rascheln unter den Blättern oder schwaches Stöhnen vernimmt man in unmittelbarer Nähe, unförmige Wesen stoßen unheimliche Laute aus, noch nie Gehörtes wird gemurmelt oder geschrien von etwas, das man nicht sieht. Hin und wieder dringen abscheuliche Schreie aus den zerstörten und verlassenen Räumen; es sind Waldkäuze, die wie Sterbende klagen. Dann wieder glaubt man, im Gebüsch Schritte zu hören; es sind trockene Zweige, die sich von selbst bewegen. Zwei glühende Kohlen, die aus irgendeinem Ofen gefallen sind, leuchten inmitten der Dornensträucher auf; es ist eine Eule, die einen anschaut."

Die beiden glühenden Kohlen sind das einzige, was vom Rampenlicht übriggeblieben ist. Man kann nichts mehr betrachten, aber man spürt, daß man beobachtet wird. Ein kurzer Gruß im Vorübergehen an die alte Waldnymphe des „Heidenlochs", „deren dürres Reisigbündel sich scheinbar allein fortbewegte". Hugo, der den Tunnel des Exils durchquert hat, unternimmt alles, was er kann, um das zu hören, „was man niemals hört", und zu sehen, „was man niemals sieht".

Nach dieser „Nacht auf dem kahlen Berg" bietet uns der Abstieg nicht nur die lautlose Sphärenmusik, sondern auch den Klang der Glocken der Abtei von Neuburg.

La serre d'aigle du burg sans nom dans la nuit noire est la clef d'une musique d'outre-silence ; la ruine devient comme un soupirail de l'enfer :

« Dans le burg sans nom, au crépuscule, c'est la même chose, devenue horrible. Tous les monstres de l'ombre se réveillent et commencent à fourmiller. Le vespertilio bat de l'aile, l'araignée cogne le mur avec son marteau, le crapaud agite sa hideuse crécelle. Je ne sais quelle vie venimeuse et funèbre rampe entre les pierres, entre les herbes, entre les branches. Et puis, des grondements sourds, des frappements bizarres, des glapissements, des crépitations sous les feuilles, des soupirs faibles qu'on entend tout près de soi, des gémissements inconnus, les êtres difformes exhalant les bruits lugubres, ce qu'on n'entend jamais hurlé ou murmuré par ce qu'on ne voit jamais. Par moments des cris affreux sortent tout à coup des chambres démantelées et désertes ; ce sont les chats-huants qui se plaignent comme des mourants. Dans d'autres instants on croit entendre marcher dans le taillis à quelques pas de soi; ce sont des branchages fatigués qui se déplacent d'eux-mêmes. Deux charbons ardents, tombés on ne sait de quelle fournaise, brillent dans l'ombre au milieu des ronces ; c'est une chouette qui vous regarde. »

Ces deux charbons rouges sont tout ce qui reste des feux de la rampe. On ne peut plus regarder, mais on sent qu'on est regardé. Saluons au passage la vieille dryade du *Trou des Païens* dans « les branchages fatigués qui se déplacent eux-mêmes ». Hugo passé par le tunnel de l'exil fera tout ce qu'il pourra pour écouter « ce qu'on n'entend jamais » et regarder « ce qu'on ne voit jamais ».

Après cette *Nuit sur le Mont chauve,* la descente nous apportera non seulement la musique silencieuse des sphères, mais aussi la cloche de l'abbaye de Neubourg.

c. Inschrift: jene, die gefehlt hat

Die namenlose Burg hat natürlich keine Inschrift, aber das von Legenden umwitterte *Schwalbennest* mußte eine haben. Hugo bemüht sich, diese Lücke zu füllen. Die Familie des ehemaligen Burggrafen ist ausgestorben; das Tor zum Turm ist zwar zugemauert worden, doch vergeblich. Die Ausfallpforte und das Tor haben „breite Spalten und gewähren jedem Eindringling einen Durchgang". Im goldenen Licht eines Herbstnachmittags nimmt Hugo einen Nagel und ritzt seinen Sinnspruch ein. Er verleiht dem versteinerten Riesen eine Stimme. Die Victor Hugo-Ausgaben geben uns die Inschrift in Prosa wieder, und ich frage mich, wie er seinen Satz eingeteilt haben mag. Ich schlage folgende Anordnung vor:

„Quand la porte du tombeau s'est fermée
sur une famille pour ne plus s'ouvrir,
la porte de la maison s'ouvre pour ne plus se fermer."
(„Wenn sich die Tür des Grabes geschlossen hat
über einer Familie, um sich nie wieder zu öffnen,
öffnet sich die Haustür, um sich nie wieder zu schließen.")

Das ergibt eine seltsame Versform: zehn, elf und fünfzehn Silben. Insgesamt 36, das heißt: drei Alexandriner; doch ist es unmöglich, sie umzuformen. Man könnte auch vier Verse mit neun Silben haben, aber das ist nicht besser. Nein, es sind Verse wie die von Quasimodo, unserem wunderbaren Erfinder des freien Verses. Ich schlage also diesen Vierzeiler vor, „ohne Reim, wie sie ein Tauber machen könnte":

„Quand la porte du tombeau
se ferme sur la famille
la porte de la maison
ne se ferme plus jamais."

Diese Anmerkung, um das Karree der Wörter zu unterstreichen: Tür des Grabmahls, Tür des Hauses, geschlossen, um sich niemals mehr zu öffnen, geöffnet, um sich niemals mehr zu schließen. Seltsam dabei ist die traurige Bedeutung, die hier die geöffnete Tür er-

c. *Inscription : celle qui manquait*

Le burg sans nom ne comporte naturellement nulle inscription, mais le *Nid d'Hirondelle*, tout fourmillant de légendes, devrait en avoir une. Hugo s'emploie à combler ce manque. La famille de l'ancien burgrave s'est éteinte ; la porte du donjon a été murée mais vainement.

La poterne et la porte sont trouées de « larges crevasses qui livrent passage au premier venu ». Dans les rayons dorés d'une fin d'après-midi d'automne, Hugo prend un clou pour graver sa moralité. Il redonne voix au géant pétrifié. Les éditions nous donnent l'inscription en prose, et je me demande comment il avait coupé sa phrase. Je propose la disposition suivante :

« Quand la porte du tombeau s'est fermée
sur une famille pour ne plus s'ouvrir,
la porte de la maison s'ouvre pour ne plus se fermer. »

Cela donne une curieuse versification : dix, onze et quinze syllabes. Total : 36, ce qui fait trois alexandrins, mais il est impossible de les refaire. On pourrait avoir aussi quatre vers de neuf syllabes, mais cela ne marche pas mieux. Non, ce sont des vers comme ceux de Quasimodo, notre admirable inventeur du vers libre. Je propose ce quatrain, « sans rimes, comme un sourd peut en faire » :

« Quand la porte du tombeau
se ferme sur la famille
la porte de la maison
ne se ferme plus jamais ».

Ceci pour souligner ce carré de termes : porte du tombeau, porte de la maison, fermée pour ne plus s'ouvrir, ouverte pour ne plus se fermer. Ce qui est curieux, c'est le caractère funeste que prend ici la porte ouverte, alors qu'elle est habituellement signe faste de géné-

Bild 3 / fig. 3
[Das Schwalbennest]
« J'ai dessiné le Schwalbennest vu par la meurtrière. »
„Ich habe das Schwalbennest gezeichnet, wie man es durch die
Schießscharte sieht."

Bild 4 / fig. 4
[Das Schwalbennest]
« Le Schwalbennest a encore aujourd'hui une fière et sombre mine. »
„Das Schwalbennest bietet noch heute einen stolzen und finsteren
Anblick."

hält, die doch sonst Zeichen für Großzügigkeit und Gastfreundschaft ist. Das aufgegebene Haus gleicht der Muschel eines Einsiedlerkrebses, das Obdachlosen zur Verfügung steht: Bauern, Sommerfrischlern, die ihm neues Leben geben, die in der Lage sind, die Tür zu schließen, um nicht die Unbilden von außen eindringen zu lassen, Hagel oder Feuer, aber auch, um das Hinausdringen des Sabbats der verfluchten Ahnen zu verhindern. Die Inschrift Hugos ist eine Art Beschwörungsformel. Es geht darum, die Klagen an Ort und Stelle festzuhalten, um mit ihnen reden zu können, um die Ruine erneut bewohnen zu können, sie aufzubauen und zu erhellen.

Dieser Inschrift an der Schwelle muß noch eine vor-schriftliche Aktivität hinzugefügt werden: die Zeichnung oder die Malerei, durch die Vorbereitung, Transkription, Verwandlung in Musik vervollständigt werden. Vor der Ouverture zur phantastischen Sinfonie nutzt Hugo die letzten Sonnenstrahlen, um das *Schwalbennest* durch eine Schießscharte der namenlosen Burg zu zeichnen.

d. Phantome: die Schwalbe und die Geißel

Durch das gespaltene Tor des ehemaligen Nestes entflieht die Legende von Bligger, der Geißel, eine Benennung, die für jeden Franzosen an den Einfall der Hunnen unter Attila erinnert, das heißt an eine zerstörerische Woge, die für uns aus weit größerer Ferne kam als für Deutschland, das sie überflutete, Muschelspuren hinterlassend wie die Schlösser der Burggrafen. „Das ganze Tal von Heilbronn bis Heidelberg war die Beute dieses Sperbers mit Menschengesicht." Die namenlose Burg wurde von einem Sperber mit Menschengesicht erbaut.

Vom Reichstag verdammt, vom Kaiser, vom Rheinischen Bund, lacht er nur darüber. Doch als er vom Papst exkommuniziert wird, verlassen ihn seine eigenen Gefolgsleute, schließen ihn in seiner Burg ein, Tor und Ausfallpforte zugemauert. Als die Sonne untergeht, stirbt er. Doch die Tür des Hauses ist noch nicht endgültig geschlossen, von der Familie ist etwas geblieben. Der Sohn wendet die Exkommunizierung ab, indem er aus dem Heiligen Land den

rosité, d'hospitalité. La maison abandonnée est comme la coquille d'un bernard-l'ermite, à la disposition des squatters : métayers, plaisanciers qui lui donnent une nouvelle vie, qui donc sont capables de fermer sa porte pour empêcher l'entrée des intempéries de l'extérieur : grêles ou incendies, mais aussi pour empêcher la sortie du sabbat des ancêtres maudits. L'inscription de Hugo est une sorte d'exorcisme. Il s'agit de maintenir en place les gémissements pour qu'on puisse dialoguer avec eux, pour qu'on puisse de nouveau habiter la ruine, la reconstruire et l'éclairer.

A cette inscription sur le seuil, il convient d'ajouter une autre activité préscripturaire : le dessin ou la peinture qui complète la préparation, transcription et conversion musicale. Avant l'ouverture de la symphonie fantastique, Hugo profite des derniers moments du soleil pour dessiner le *Nid d'Hirondelle* par la meurtrière du burg sans nom.

d. *Fantômes : l'hirondelle et le fléau*

Par la porte crevassée de l'ancien nid, s'échappe la légende de Bligger le fléau, dénomination qui rappelle à tout Français l'invasion des Huns avec Attila, donc une vague funeste venue de bien plus loin que l'Allemagne après avoir traversé toute celle-ci, y laissant dans son reflux des traces-coquillages comme les châteaux des Burgraves. « Toute la vallée, de Heilbronn à Heidelberg, était la proie de cet épervier à face humaine. » Le burg sans nom a été construit par un aigle à face humaine.

Condamné par la diète, par l'Empire, par les cent villes, il ne fait qu'en rire, mais lorsqu'il est excommunié par le pape, ses propres hommes d'armes le quittent et l'emmurent dans son château, fermant porte et poterne. Au moment où le soleil se couche il meurt. La porte de la maison n'est pas encore fermée définitivement, car il reste de la famille. Le fils écarte l'excommunication en ramenant de

Kopf des Sultans mitbringt, einer anderen Geißel, die der gesamten Christenheit, die man eingemeißelt auf der Steinplatte über seinem Grab sieht. Danach kann die Familie erlöschen, das Grab ist gut verschlossen, doch die Haustür bleibt geöffnet.

Rings um dieses Phantom evoziert Hugo eine ganze Gesellschaft, angeführt von Homer, Vergil und natürlich Shakespeare, vor allem mit Macbeth. In der literarischen und volkstümlichen Chronik hat sich die Sperber-Geißel in eine Schwalbe verwandelt, die den Frühling zurückbringen kann. Nachdem Hugo seine Zeichnung vom Muschelnest durch eine der Schießscharten der namenlosen Burg erwähnt hat, bemerkt er:

„Im Frühling muß diese Ruine, in einen üppigen Blumenstrauß verwandelt, ein bezaubernder Ort sein."

Diese Ruine kann die namenlose Burg sein, trotz ihrer entsetzlichen Herbstmusik, aber sie kann auch das durch den beschwörenden Dialog mit seiner Geißel verwandelte, geheiligte „Nest" sein.

4. Vierter Spaziergang:
zweifache Besichtigung vom Palast-Keller

Da der Tag zur Neige geht, steigt Hugo auf den Kleinen Gaisberg und läßt die Phantome vorbeiziehen, die von der riesigen Ruine aufsteigen, die er im Geist besucht. Als die Nacht vollends hereingebrochen ist, steigt er wieder zur Stadt hinunter und nutzt die Gelegenheit, um in der Realität das Schloß zu erforschen, ehe er dann in die Hölle der Kohleöfen zurückkehrt, gewissermaßen den gezähmten Fluch der Feuersbrünste, um den Winter zu überleben.

a. Beleuchtungen: vom Feuerwerk
zu den Mondscheinprojektoren

Hugo unternimmt seine erste Beschreibung im Licht der heftigen Beschießung, die durch das pfälzische Palimpsest analysiert wird. Gewiß ist die französische Artillerie kriminell, doch geht es darum,

Terre sainte la tête du Sultan, autre fléau, celui de toute la chrétienté, que l'on voit sculptée sur l'écu de pierre qui recouvre son tombeau. Après cela la famille peut s'éteindre, le tombeau est bien fermé, mais la maison reste ouverte.

Autour de ce fantôme, Hugo convoque toute une troupe, menée par Homère, Virgile et naturellement Shakespeare avec en particulier *Macbeth*. Dans la chronique littéraire et populaire, l'épervier-fléau s'est changé en hirondelle qui peut ramener le printemps. Après avoir mentionné son dessin du nid-coquille à travers une des meurtrières du burg sans nom, Hugo remarque :

« Au printemps, cette ruine, changée en un prodigieux bouquet de fleurs, doit être charmante. »

La ruine en question peut être le burg sans nom malgré son horrible musique d'automne, mais cela peut être aussi le *Nid* métamorphosé, sanctifié par le lent exorcisme du dialogue avec son fléau.

4. Quatrième promenade : double visite du palais-cave

Comme le jour décline, Hugo monte sur le petit Geissberg et fait défiler les fantômes qui montent de l'immense ruine qu'il visite imaginairement. Quand la nuit est complètement tombée, il redescend vers la ville et en profite pour explorer le château « en chair et en os » avant de retrouver l'enfer des poêles, en quelque sorte la malédiction des incendies captée pour survivre à l'hiver, la fermeture asphyxiante qui s'oppose aux flambées des fagots.

a. *Éclairages : du feu d'artifice aux projecteurs lunaires*

Hugo dresse sa première description dans une lueur de bombardements intensifs qui analyse le palimpseste palatin. Certes, l'artillerie

ob widerstehend oder fliehend, aus der erhellenden Erklärung Nutzen zu ziehen.

„Die beiden Paläste von Ottheinrich und Friedrich IV. müssen im Licht der Beschießung in der schrecklichen Nacht vom 2. Mai 1693 ein großartiges Schauspiel abgegeben haben. M. de Lorges hatte eine Batterie in der Ebene bei dem Dorf Neuenheim in Stellung gebracht, eine weitere auf dem Heiligenberg, eine dritte am Wolfsbrunnenweg und eine vierte auf dem Kleinen Gaisberg."

Von dieser Stelle aus entwirft Hugo seine Wiedergabe der Ereignisse.

„Von diesen unterschiedlichen Stellen aus tauchten die Mörser, die Heidelberg wie ein Ring von scheußlichen Hydren umgaben, ihre langen Flammenhälse ohne Unterlaß von allen Seiten zugleich in den Schloßhof. Die Geschosse pflügten mit ihren Eisenschädeln das Pflaster; rotglühende Kugeln zogen Feuerschweife hinter sich her, und in diesem Schein zeichneten sich auf der Fassade Friedrichs IV. die Gestalten der Pfalzgrafen und der Kaiser ab, wahre Kolosse in kriegerischer Pose, gepanzert wie Skarabäen, die Hand am Schwert, voller Aufruhr und Schrecken, während neben ihnen, auf der anderen Fassade, die strahlenden Götter und die errötenden Göttinnen nackt, in heiterer Gelassenheit, nur schwach erhellt vom Schein der Granaten, unter diesem Bombenregen lächelten."

Es schlägt Mitternacht vom Kirchturm, und der Dichter steigt den Berg hinunter, um die Ruinen im Mondschein aufzusuchen. Doch zunächst ist das Gestirn fast völlig hinter Wolken verschwunden, es herrscht eine Art träumerisches Halbdunkel, das alles erhellt und alles verschleiert. Doch plötzlich, eine Stunde später etwa, taucht in einem Wolkenloch der abnehmende Mond in aller Klarheit auf. In diesem Augenblick fällt an der Ottheinrich-Fassade, die zu einer sich schwarz vom leuchtenden Himmel abhebenden Projektionswand geworden zu sein scheint, gleichzeitig durch alle vierundzwanzig Fensterhöhlen „gleißender Mondschein". Es ist Licht

française est criminelle, mais, tout en résistant ou en fuyant, il s'agit de profiter de l'explication lumineuse :

« Ce dut être un merveilleux spectacle que ces deux palais d'Othon-Henri et de Frédéric IV vus à la lueur du bombardement dans la fatale nuit du 21 mai 1693. M. de Lorges avait posé une batterie dans la plaine, devant le village de Neuenheim, une autre sur le Heiligenberg, une troisième sur le chemin de Wolfsbrunn, une quatrième sur le petit Geissberg. »

C'est l'endroit d'où il projette cette reconstitution.

« De ces quatre points opposés, les mortiers, entourant Heidelberg comme un cercle d'affreuses hydres, plongeaient sans relâche et de tous les côtés à la fois leurs longs cous de flamme dans la cour du château ; les obus fouillaient le pavé de leur crâne de fer ; les boulets ramés et les boulets rouges passaient parmi des traînées de feu, et à cette clarté se dessinaient sur la façade de Frédéric IV, dans leur posture de combat, les colosses des palatins et des empereurs, cuirassés comme des scarabées, l'épée à la main, tumultueux et terribles ; tandis qu'à côté d'eux, sur l'autre façade, nus, sereins et tranquilles, vaguement éclairés par le reflet des grenades, les dieux rayonnants et les déesses rougissantes souriaient sous cette pluie de bombes. »

A minuit sonne le clocher de l'église, et le poète redescend pour visiter les ruines au clair de lune. Mais d'abord l'astre a presque disparu sous les nuées, il n'y a qu'une sorte de demi-jour rêveur, éclairant tout et voilant tout. Mais soudain, une heure après environ, la lune décroissante surgit toute pure par une déchirure des nuages. Alors la façade d'Othon-Henri, transformée en une sorte de tableau de projecteurs, dressée toute noire sur le ciel lumineux, laisse « échapper d'éblouissants rayons de lune par ses vingt-quatre fenêtres à la fois ». C'est éclairé « comme en plein jour », mais aussi

„wie am hellen Tag", aber auch wie bei Volllmond, und diese nächtliche Lichtdusche scheint den Statuen wieder Leben zu verleihen.

b. Stimmen:
der Tumult der Hochzeit zu Kana, der „Zwischenfall"

Als Hugo sich an seinen ersten Besuch im Innenhof erinnert, gerät er in eine solche Verzauberung, daß nur die Musik eine Vorstellung davon vermitteln kann, allerdings auch nur eine imaginäre Musik:

> „Sie werden sich des bewundernswürdigen Schlosses von Blois erinnern, das törichterweise als Kaserne *genutzt* wird und dessen Innenhof vier Fassaden aufweist, von denen jede die Geschichte einer großen Architektur erzählt. Nun ja, demjenigen, der den Innenhof der pfälzischen Residenz betritt, bietet sich ein nicht weniger eindringliches und nicht weniger komplexes Bild. Man ist geblendet. Man möchte die Augen schließen, wie man sich vor der *Hochzeit* von Paolo Veronese die Ohren verstopfen möchte. Es scheint, als habe dieser Hof eine ungeheure Ausstrahlung, die von allen Seiten gleichzeitig kommt. Alles beansprucht einen, alles fordert einen heraus."

Man möchte Augen haben, die nach allen Seiten sehen. Ohren, die ermöglichen, atmosphärische Klänge zu hören. Die große Leinwand Veroneses entfaltet sich nur in eine Richtung, aber sie ist derart weit, daß man beim Näherkommen den Eindruck hat, sie falte sich zusammen, um uns zu umfassen. Die Gruppe der Musiker im Vordergrund beherrscht das Ganze mit ihrem Klang. Man glaubt das Geschirr klappern, die Hunde knurren, die Papageien schreien zu hören. In Heidelberg geht es ebenfalls um einen stillen Tumult. Das Dekor ist dermaßen reich mit all den begleitenden Geschichten, daß wir nicht vergessen dürfen, an die Menge zu erinnern, die es sicher vor der großen Dämmerung der Beschießungen angefüllt hat.

In der Nacht, bei dem „wirklichen" Besuch, überdeckt die Stille des Mondlichts dieses Erinnern:

comme en pleine lune, et cette douche de lumière nocturne semble rendre la vie aux statues.

le tumulte des noces de Cana, l'« incident »

Lorsque Hugo se remémore sa première entrée dans la cour intérieure, il est plongé dans un éblouissement tel que c'est seulement la musique qui peut en donner une idée, mais attention, une musique elle-même imaginée :

> « Vous vous rappelez cet admirable château de Blois, si stupidement *utilisé* en caserne, dont la cour intérieure a quatre façades qui racontent chacune l'histoire d'une grande architecture. Eh bien, lorsqu'on entre dans la cour intérieure des palatins, l'impression n'est pas moins profonde ni moins compliquée. On est ébloui. On est tenté de fermer les yeux comme on est tenté de se boucher les oreilles devant les *Noces* de Paul Véronèse. Il semble qu'il y a dans cette cour un immense rayonnement qui vient de tous les côtés à la fois. Tout vous sollicite et vous réclame. »

On voudrait avoir des yeux qui permettent de voir de tous les côtés. Les oreilles permettent d'entendre des sons atmosphériques. La grande toile de Veronèse se déploie sur un seul côté, mais elle est si vaste qu'on a l'impression, quand on approche, qu'elle se replie pour vous entourer. Le groupe des musiciens au premier plan impose sa sonorité à tout le reste. Nous avons l'impression d'entendre la vaisselle tinter, les chiens gronder, les perroquets crier. À Heidelberg, il s'agit aussi d'un tumulte silencieux. Le décor est si riche avec toutes les histoires qui l'accompagnent que nous ne pouvons manquer d'évoquer la foule qui devait le remplir avant le grand crépuscule des bombardements.

La nuit, lors de la visite « véritable », le silence lunaire recouvre toute cette remémoration :

47

„Ich vernahm keine Schritte, keine Stimme, keinen Hauch. Hier im Hof gab es weder Schatten noch Licht."

Doch als er den Rittersaal betreten will, setzt etwas wie ein Alarmsignal ein, das alle seine Bewegungen begleitet:

„Da war ein so merkwürdiges Geräusch, das um so vernehmbarer war, als in der übrigen Ruine Grabesstille herrschte. Es war eine Art von schwachem aber durchdringendem, anhaltendem Röcheln, in das sich hin und wieder ein hartes, schnelles Hämmern mischte, das bald aus tiefster Finsternis von weit her aus den Sträuchern oder dem Gebäude zu kommen schien, bald unter meinen Füßen aus den Spalten des Pflasters."

Hugo versucht, diesen „Zwischenfall", wie es im Kolumnentitel heißt, dadurch zu befragen, daß er selbst ein Geräusch hervorruft. Er bekommt zwar eine Art Antwort, doch keine Erklärung, und das Geräusch begleitet ihn bis zu dem Augenblick, da die Mondprojektoren ihr großes Spiel beginnen.

c. Inschriften: die protestierenden Pfälzer

Von oben gesehen hat der Palast die Form eines riesigen F. Es ist die unbeabsichtigte Inschrift Friedrichs IV. des Siegreichen, der Abdruck des Adler-Sperbers. Die Verspottung des Ereignisses wird präzisiert durch die Sätze, mit denen die Identität der biblischen oder antiken Helden angegeben ist, die an der Fassade des Ottheinrich-Palastes dargestellt sind und deren Kolumnentitel die Bedeutung „Welfe und Aufrührer" unterstreicht:

„Unter jeder Statue ist eine Inschrift angebracht, in der die hochmütige Gesinnung des Pfalzgrafen zum Ausdruck kommt. Zu Füßen Josuas steht:

DER HERTZOG JOSUA
DURCH GOTTES MACHT
EIN UND DREISSIG KÖNIG
HAT UMBRACHT

« Je n'entendais aucun pas, aucune voix, aucun souffle. Il n'y avait dans la cour ni ombres, ni lumières. »

Mais lorsqu'il veut entrer dans la salle des chevaliers, une sorte de signe avertisseur se met à accompagner tous ses mouvements :

« Il y avait là un bruit singulier, d'autant plus distinct qu'un silence sépulcral remplissait le reste de la ruine. C'était une sorte de râlement, faible, strident, continu, mêlé par instants d'un petit martèlement sec et rapide, qui tantôt paraissait venir du fond des ténèbres, d'un point éloigné du taillis ou de l'édifice, tantôt semblait sortir de dessous mes pieds, d'entre les fentes du pavé. »

Hugo essaie d'interroger cet « incident », comme dit le titre courant, en provoquant du bruit lui-même. Il a une sorte de réponse, mais aucun éclaircissement, et le bruit l'accompagne jusqu'au moment où les projecteurs lunaires sortiront leur grand jeu.

c. Inscriptions ; les palatins contestataires

Vu d'en haut le palais a la forme d'un F immense. C'est l'inscription involontaire de Frédéric IV le Victorieux, l'empreinte de cet aigle-épervier. Le ricanement de l'incident s'accentue dans les phrases qui précisent l'identité des héros bibliques ou antiques sculptés sur la façade du palais d'Othon-Henri, dont le titre courant souligne le sens « guelfe et factieux » :

« Chaque statue a au-dessous d'elle son inscription qui achève d'expliquer la pensée hautaine du palatin. Sous les pieds de Josué on lit :

LE DUC JOSUÉ (HERZOG JOSHUA)
PAR L'AIDE DE DIEU
A FAIT PÉRIR
TRENTE ET UN ROIS

Aus Samson wird beinahe ein pfälzischer Kurfürst:

SAMSON DER STARCK STREITER

GOTTES WAR

BESCHIRMET ISRAEL

WOL ZWENTZIG JAHR

Herkules, gemeint ist Friedrich II., sagt, nachdem er Deutschland zweimal gerettet und die Türken an der Spitze des Deutschen Bundesheeres geschlagen hat:

JOVIS SON HERCULES

BIN ICH GENANDT

DURCH MEI HERLICHE

THATEN WOL BEKANDT

David schließlich, der Hirte David, der in der einen Hand seine Schleuder, in der anderen den Kopf des Riesen hält, ist der durch den Ruhm legitimierte Usurpator, Friedrich der Siegreiche, der zu Kaiser Adolf zu sagen scheint:

DAVID WAR EIN JUNGLING

GEHERTZT UND KLUG

DEM FRECHEN GOLIATH

DEN KOPFF ABSCHLUG

Goliath brauchte es sich nur gesagt sein zu lassen."

Inschrift der Name PERKEO neben dem großen Faß.

Weitere Inschriften: die geplünderte pfälzische Bibliothek und die Wappen, von denen es außen und innen wimmelt, ganz besonders im großen Keller. Das große Faß „trägt auf seiner Rückseite ein Rocaille-Wappen mit den Anfangsbuchstaben des Kurfürsten Karl-Theodor. Das kleine Faß ist geschmückt mit dem bayrischen Wappen und auf drei Seiten jeweils mit einem Löwenkopf, verziert mit den Axthieben französischer Soldaten, die daraus trinken wollten."

Inschriften auch all die Verzierungen im Innern:

Samson, dans sa légende, devient presque un électeur palatin :

SAMSON LE FORT

ÉTAIT LE LIEUTENANT DE DIEU

ET GOUVERNA ISRAËL

DURANT VINGT ANS

Hercule, c'est Frédéric II, qui dit, après avoir sauvé deux fois l'Allemagne et battu les Turcs à la tête de l'armée de la confédération germanique :

JE SUIS HERCULE

FILS DE JUPITER

CONNU PAR MES NOBLES TRAVAUX

BIEN CONNU

David enfin, le berger David, qui tient sa fronde d'une main et la tête du géant de l'autre, c'est l'usurpateur légitimé par la gloire, Frédéric le Victorieux, qui semble dire à l'empereur Adolphe :

DAVID ÉTAIT UN JEUNE GARÇON

COURAGEUX ET PRUDENT

À L'INSOLENT GOLIATH

IL A TRANCHÉ LA TÊTE

Goliath n'avait qu'à se tenir pour averti. »

Inscription, le nom de PERKEO près de la grosse tonne.

Inscriptions, encore, que la Bibliothèque palatine pillée, et que les écussons qui fourmillent à l'extérieur et à l'intérieur, en particulier dans la grande cave. Le gros tonneau porte « à sa face antérieure un écusson-rocaille où est sculpté le chiffre de l'électeur Charles-Théodore. Le petit tonneau est orné de l'écusson de Bavière et de trois têtes de lion sur chacune de ses faces, avec les coups de hache signatures des soldats français qui auraient voulu boire ».

Inscriptions, que toutes ces décorations intérieures :

„Da stehen, geöffnet und jedem preisgegeben, in der Sonne, im Regen, bei Schnee und bei Wind, ohne Gewölbe, ohne Täfelung, ohne Dach, wie durch Zufall in die zerstörten Mauern eingelassen, zwölf Renaissancetüren, zwölf Kleinode der Handwerkskunst, zwölf Meisterwerke, zwölf Idyllen aus Stein, unter die sich, als habe er dieselbe Wurzel, ein wunderbarer und bezaubernder Wald von wilden Blumen mischt, die eines Pfalzgrafen würdig sind, *consule dignæ*. Ich kann Ihnen nicht sagen, was an dieser Mischung aus Kunst und Wirklichkeit so unaussprechlich ist; da ist Kampf und Harmonie zugleich. Die Natur, die mit Beethoven rivalisiert, rivalisiert auch mit Jean Goujon. Arabesken bilden Strauchwerk, Strauchwerk bildet Arabesken. Man weiß nicht, was man bevorzugen und mehr bewundern soll, das lebendige oder das in Stein gehauene Blatt.“

Eine Inschrift letztlich auch die Form des Tores, der gleich einem Prägestempel auf dem Plan in F-Form ist, Siegel Friedrichs des Siegreichen. Nachdem Hugo genüßlich die Bauwerke aufgezählt hat, die vor der Beschießung durch die Franzosen bestanden, rekapituliert er die Liste der Türme, die überdauert haben:

„der Bibliotheksturm,
der achteckige Turm,
der Dicke Turm,
der gesprengte Turm
und der Riesenturm, der einzige viereckige unter ihnen.“

Tatsächlich waren alle Ruinen, die er besichtigt hatte, viereckig:
das Heidenloch, vielleicht auch der Pluto-Turm
das Schwalbennest
jene, die die namenlose Burg überragt.

Der Riesenturm gleicht somit einer Nadel, die durch die Schichten des Pfalzgrafenschlosses dringt und auf eine frühere Epoche stößt. Der viereckige Turm wird von zwei Steinriesen bewacht, von denen der eine die klassische Antike evoziert, mit dem Kampf der Riesen oder Titanen gegen die Götter des Olymp, der andere die germanische Vorzeit. Friedrich der Siegreiche gilt als der „gro-

« Il y a là, debout, ouvertes, livrées au premier vent, sous le soleil
et sous la pluie, sous la neige et sous le vent, sans voûte, sans lambris, sans toit, percées comme au hasard dans des murs démantelés, douze portes de la Renaissance, douze joyaux d'orfèvrerie,
douze chefs-d'œuvre, douze idylles de pierre, auxquelles se
mêle, comme sortie des mêmes racines, une admirable et charmante forêt de fleurs sauvages dignes des palatins, *consule dignæ*.
Je ne saurais vous dire ce qu'il y a d'inexprimable dans ce mélange de l'art et de la réalité ; c'est à la fois une lutte et une harmonie.
La nature, qui rivalise avec Beethoven, rivalise aussi avec Jean
Goujon. Les arabesques font des broussailles, les broussailles
font des arabesques. On ne sait laquelle choisir et laquelle admirer le plus, de la feuille vivante ou de la feuille sculptée.»

Inscription, enfin, que la forme d'une tour qui est comme un poin-
çon sur le plan en F, sceau de Frédéric le Victorieux. Après avoir
énuméré avec délices les bâtiments qui existaient avant le bombardement illuminatoire par les Français, il récapitule la liste des tours
qui subsistent :

« La tour de la Librairie ;
la tour Octogone ;
la Grosse Tour ;
la tour Fendue ;
et la tour du Géant, la seule qui soit carrée ».

Il se trouve que toutes les ruines qu'il était allé voir étaient carrées :
le Trou des Païens, peut-être aussi la tour de Pluton,
le Nid d'Hirondelle,
ce qui domine le Burg sans nom.
La tour du Géant est ainsi comme une épingle qui traverse les
strates du château des palatins, pour retrouver une époque antérieure. La tour carrée est gardée par deux géants de pierre qui peuvent évoquer l'un l'antiquité classique, avec la lutte des géants ou titans contre les dieux de l'Olympe, l'autre l'antiquité germanique.
Frédéric le Victorieux est considéré comme « le grand titan de Hei-

ße Titan von Heidelberg". Später wird Hugo im Vorwort zu „Les Burgraves" diese Phantome, die die Ruinen heimsuchen, mit den Titanen der Gigantomachie vergleichen.

Dieser Riesenturm ist ebenso leer wie die anderen Türme. Die Statuen scheinen das zu wissen.

> „Man könnte meinen, er [Ludwig V.] wüßte, daß sich keine Wachen mehr auf dem Paradeplatz befinden, daß der Turm *Seltenleer* leer ist, daß es in der Kapelle keine Priester mehr gibt, daß im Riesenturm keine Löwen mehr sind, daß es in Deutschland keine Kurfürsten mehr gibt und keine Pfalzgrafen mehr in Heidelberg und daß der *Dicke Turm*, den er nach dem Vorbild des Bergfrieds von Bourges errichten ließ, dem höchsten Turm Europas, nun zusammengestürzt hinter ihm liegt."

Diese Löwen, die im Riesenturm herumliefen, sind natürlich die bayerischen Löwen, halb heraldisch, halb real, von denen wir bereits einem in dem Hieroglyphenhaus begegnet sind, Totem mancher Fürsten, Vorbild und Beschützer zugleich, so wie es für andere die Adler sind.

Die sechzehn gekrönten, doch durch die Granaten beschädigten Ritter an der Fassade des Palastes von Friedrich dem Siegreichen, tragen Löwenköpfe als Knieschützer.

Der Riese des eckigen Turms geistert in seinem Drang, Jupiter vom Sockel zu stürzen, durch die ganze Ruine. Zum Teil ist er inkarniert in Friedrich dem Siegreichen; sein immenser Durst zeigt sich in dem Riesenfaß, das im Keller den Wein des ganzen Rheinlands aufnimmt.

> „Das große Faß im Heidelberger Schloß nimmt sich aus wie Rabelais in der Welt Homers."

In seinem „William Shakespeare" erklärt Hugo diese Gastfreundschaft, indem er den Verfasser des „Gargantua" unter seinesgleichen aufnimmt:

> „Andere graben unter dem verkommenen Menschengeschlecht schreckenerregende Kerker; bei unterirdischen Bauten begnügt

delberg ». Dans la préface des *Burgraves,* Hugo identifiera ces fantômes qui hantent les ruines aux titans de la gigantomachie.

Cette tour du Géant est vide comme les autres. Les statues ont
l'air de le savoir :

> « On dirait qu'il sait [Louis v] qu'il n'y a plus de gardes dans la
> place d'armes, que *la tour Jamais-Vide* est vide, qu'il n'y a plus
> de prêtres dans la chapelle, qu'il n'y a plus de lions dans la tour
> du Géant, qu'il n'y a plus d'électeurs en Allemagne, qu'il n'y a
> plus de palatins à Heidelberg, et que sa *Grosse Tour,* qu'il avait
> faite, après le donjon de Bourges, la plus haute tour de l'Europe,
> pend écroulée derrière lui. »

Ces lions qui marchaient dans la tour du Géant, ce sont évidemment les lions de la Bavière, mi-héraldiques, mi-réels, dont nous
avons déjà rencontré un dans la maison hiéroglyphique, ce totem
de certains princes, à la fois modèle et protecteur, comme l'aigle
l'est pour d'autres.

Les seize chevaliers couronnés mais écornés par les bombes sur
la façade du palais de Frédéric le Victorieux ont des têtes de lions
pour genouillères.

Le géant de la tour carrée hante toute la ruine dans sa volonté de
détrôner Jupiter. C'est lui qui s'incarne en partie dans Frédéric le
Victorieux ; il exprime son énorme soif dans la tonne géante qui
rassemblait dans la cave le vin de toute la Rhénanie.

> « Le gros Tonneau dans le manoir de Heidelberg, c'est Rabelais
> logé chez Homère. »

Dans le *William Shakespeare,* Hugo explicitera cette hospitalité, accueillant l'auteur du *Gargantua* parmi ses « égaux » :

> « D'autres creusent sous le genre humain dépravé des cachots re-
> doutables ; en fait de souterrain, ce grand Rabelais se contente de

Bild 5 / fig. 5
[Charles de Graimberg: Palais d'Othon-Henri/Ottheinrichs-Bau]
Victor Hugo:
«…douze portes de la renaissance … »
„[…] zwölf Renaissancetüren […]"

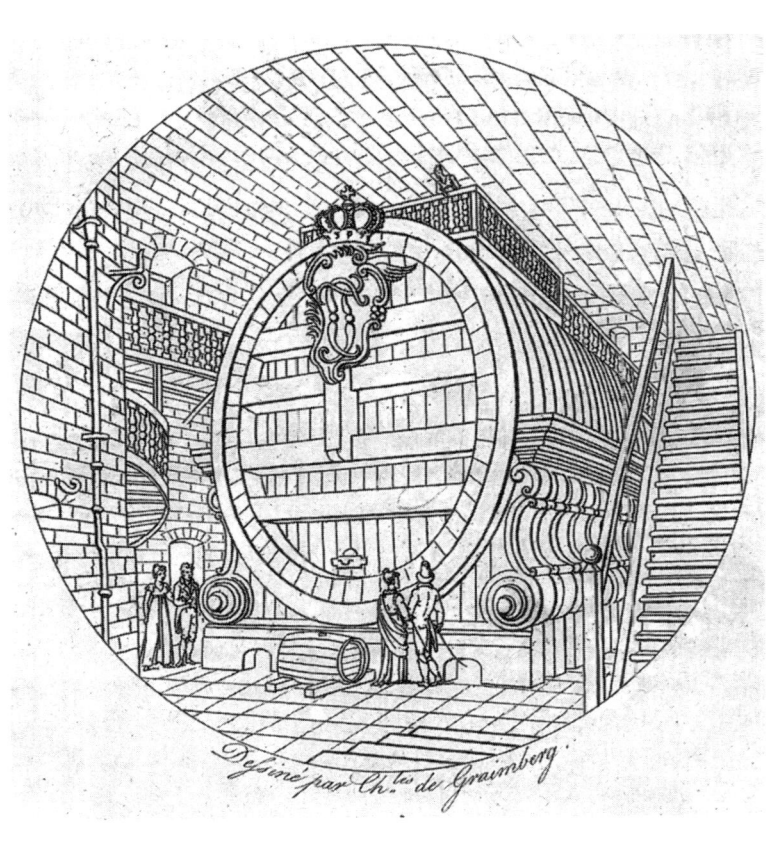

Bild 6 / fig. 6
[Charles de Graimberg: le gros Tonneau/das Große Faß]
Victor Hugo:
« Le gros Tonneau, couché sur le ventre … »
„Das Große Faß, das da [...], auf dem Bauch liegt."

sich der große Rabelais mit dem Keller. Dieses Universum, das von Dante in die Hölle versetzt wurde, bringt Rabelais in einem Faß unter. Sein Buch ist nichts anderes. Alighieris sieben Kreise umgreifen das wunderbare Faß und halten es zusammen."

Der riesige Nagel des viereckigen Turms hält die Archive aller anderen Ruinen fest, einschließlich der Bibliothek mit ihren verstreuten Büchern, und verbindet sie mit dem alten Indien, dem Ursprung des Okzidents.

d. Phantome: großes Sabbattreiben

All die Geister, deren Erscheinungen wir vorher gesehen haben, waren nur die Vorausboten dieser riesigen Versammlung. Es ziehen nicht nur jene vorüber, die von den Führern genannt werden:
Jutha, die Frau des Frankenherzogs Anthysius,
die beiden Freischöppen,
die buckligen Musikanten,
die Weiße Dame,
sondern auch all jene, die er am Anfang seiner Träumerei auf dem Kleinen Gaisberg einberuft wie eine Jury oder eine Zuschauermenge:

> „Ich hatte den Eindruck, daß all die Männer, all die Geister, all die Schatten, die während der zweitausend Jahre diese Berggegend berührt hatten, Attila, Chlodwig, Konrad, Barbarossa, Friedrich der Siegreiche, Gustav-Adolf, Turenne, Custine, noch hinter mir stünden und ebenso wie ich diesen prächtigen Horizont betrachteten."

Natürlich muß man noch alle Pfalzgrafen hinzufügen, alle dargestellten Helden und namenlosen Künstler. Doch gibt es ein besonders aufdringliches Phantom, eben jenes, das mit dem großen Faß im Keller verbunden ist, den Zwerg Perkeo, Gefährte und Gegenstück zu dem Riesen ohne Namen.

> „Bewegt man sich in dem Schatten, den das große Faß wirft, bemerkt man hinter den Planken, die es abstützt, eine einzigartige Holzstatue, auf die vom Fenster her ein bleiches Licht fällt. Sie

la cave. Cet univers que Dante mettait dans l'enfer, Rabelais le fait tenir dans une futaille. Son livre n'est pas autre chose. Les sept cercles d'Alighieri bondent et enserrent cette tonne prodigieuse. »

Le clou géant de la tour carrée fixe les archives de toutes les autres ruines, la bibliothèque incluse avec ses livres dispersés, et les met en communication avec l'Inde fondamentale, l'origine de l'Occident.

d. *Fantômes : grand bal du sabbat*

Tous les spectres que nous avons vus apparaître précédemment n'étaient que des annonciateurs de cet immense rassemblement. Non seulement défilent tous ceux que les guides mentionnent :
Jutha, femme d'Anthyse, duc des Francs,
les deux francs-juges,
les musiciens bossus,
la dame blanche,
mais aussi tous ceux qu'il convoque comme un jury ou une salle de spectateurs, au début de sa grande rêverie, juché sur le petit Geissberg :

> « Il me semblait que tous ces hommes, tous ces fantômes, toutes ces ombres qui avaient passé depuis deux mille ans dans ces montagnes, Attila, Clovis, Conrad, Barberousse, Frédéric le Victorieux, Gustave-Adolphe, Turenne, Custine, s'y dressaient encore derrière moi et regardaient comme moi ce splendide horizon. »

Il faut y ajouter naturellement tous les palatins, tous les héros portraiturés, tous les artistes anonymes. Mais il y a un fantôme particulièrement obsédant, c'est celui qui accompagne la grande tonne dans la cave, le nain Perkeo, compagnon et contrepartie du géant sans nom :

> « En se promenant dans l'ombre que jette la grosse Tonne, on aperçoit tout à coup, derrière des madriers qui l'étançonnent, une singulière statue de bois sur laquelle un soupirail jette un

59

stellt einen kleinen, grotesk herausgeputzten, leutseligen Greis dar […]. Er war wie seine Statue drei Fuß und sechs Zoll groß. Sein Name ist unter dem Standbild eingraviert."

Neben dieser Statue gibt es eine Uhr mit einer herabhängenden Schnur. Zieht man daran, wird man von einem herauskommenden Fuchsschwanz ins Gesicht geschlagen. Darin besteht das Überleben Perkeos, der pro Tag fünfzehn Doppelflaschen Rheinwein trank. Unvermeidlich bringt man diesen makabren Scherz des einstigen Narren mit dem „Zwischenfall" in Verbindung, dem unerklärlichen Geräusch, das die Besuche des Dichters in der Ruine bei Mondschein begleitet. Es ist immer da, Tag und Nacht.

„Die Statue Perkeos scheint die Statue Karls des Großen zu verspotten."

Es ist das Phantom von Perkeo, „dieses häßlichen Legendenspinners, das nachts in den Ruinen das Seil für die Galgen dreht."

An diesem Albtraumgalgen hängen all die mächtigen Erbauer und Zerstörer der Ruinen. Der Turm Friedrichs des Siegreichen, gespalten von den Armeen Ludwigs XIV., gleicht im Licht des verschleierten Mondes einem riesigen Schädel:

„Jenseits des Grabens, dreißig Schritt von mir entfernt inmitten eines ausgedehnten Buschwerks, erschien mir der gesprengte Turm, dessen Inneres ich sehen konnte, nun wie ein riesiger Totenkopf. Ich erkannte die Nasenhöhlen, die Gaumenöffnung, die doppelte Arkade der Brauen, die tiefe und erschreckende Höhlung der erloschenen Augen. Der große Mittelpfeiler mit seinem Kapitell bildete die Nasenwurzel. Zerfallene Trennwände glichen den Knorpeln. Und unten am Berghang verkörperten eingestürzte Mauervorsprünge auf erschreckende Weise die Kiefer."

Aus der Ferne betrachtet der Kopf des flammenden Pluto diese Überreste. Doch der Mondbrunnen verleiht all den gereizten Leichen eine neue Jugend jenseits des Grabes:

„Die Schatten der Kaiser und Pfalzgrafen schauten mich nun an;

rayon blafard. C'est une espèce de petit vieillard jovial, grotesquement accoutré [...] Il était haut de trois pieds six pouces, comme sa statue, au-dessous de laquelle son nom est gravé. »

À côté de cette statue, il y a une horloge avec une ficelle qui pend. Si l'on tire dessus, une queue de renard vient vous frapper au visage. C'est la survie de Perkeo qui buvait quinze doubles bouteilles de vin du Rhin par jour. Impossible de ne pas rapprocher la plaisanterie macabre du fou de jadis avec l'« incident », le bruit inexpliqué accompagnant les explorations du poète au clair de lune dans la ruine. Il est toujours là, jour et nuit.

« Il semble que la statue de Perkeo raille celle de Charlemagne. »

C'est le fantôme de Perkeo, « ce hideux fileur des légendes, qui file la nuit dans les ruines de la corde pour les gibets. »

Pendent à ces gibets de cauchemar tous les puissants constructeurs et destructeurs de ces ruines. La tour de Frédéric le Victorieux, fendue par les armées de Louis XIV, apparaît, sous le clair de lune voilé, comme un immense crâne :

« Au-delà du fossé, à trente pas de moi, au milieu d'une vaste broussaille, la tour Fendue, dont je voyais l'intérieur, m'apparaissait comme une énorme tête de mort. Je distinguais les fosses nasales, la voûte du palais, la double arcade sourcilière, le creux profond et terrible des yeux éteints. Le gros pilier central avec son chapiteau était la racine du nez. Des cloisons déchirées faisaient les cartilages. En bas, sur la pente du ravin, les saillies du pan de mur tombé figuraient affreusement la mâchoire. »

Dans la distance, la tête du Pluton flamboyant regarde ces cendres. Mais la fontaine de la lune redonne à tous ces cadavres irrités une jouvence au-delà du tombeau :

« À leur tour, ces ombres des empereurs et des palatins m'ont re-

simulacra. Seltsam, vorhin hatte ich den Eindruck, die Sirenen, Nymphen und Chimären würden mich zornig anblicken; und jetzt schien es mir, als ob all die gefürchteten alten Fürsten ihren gütigen und freundlichen Blick auf mich, den armseligen Passanten, richteten. Einige von ihnen erschienen mir unter dem phantastischen Mondschein viel größer. Und einer, der von einer Kugel halb umgeworfen worden war, der an der Wand lehnende Johann-Kasimir mit seinem bleichen Gesicht, seiner Adlernase und seinem langen Bart, sah aus wie der exhumierte Heinrich IV."

All diese Phantome verlangen von Hugo, zu neuem Leben erweckt zu werden, indem er ihre zerborstenen Mauern wieder errichtet. Er versucht es mit seinem Stück „Les Burgraves", einige Jahre später jedoch noch ausgeprägter im Exil, als er sich bemüht, die Mauer der Jahrhunderte zu betrachten, deren „Legende" er inmitten von Ruinen schreiben wird.

gardé ; *simulacra*. Chose singulière, il m'avait semblé, l'instant d'auparavant, que les sirènes, les nymphes et les chimères me regardaient avec colère ; il me semblait maintenant que tous ces vieux princes redoutables attachaient sur moi, chétif passant, un œil bon et hospitalier. Quelques-uns paraissaient encore plus grands sous le rayonnement fantastique de la lune. L'un d'eux, qui a été atteint et à demi renversé par une bombe, Jean-Casimir, adossé à la muraille, avec sa face blême, son nez aquilin et sa longue barbe, avait l'air de Henri IV exhumé. »

Tous ces fantômes lui demandent de les ressusciter en reconstruisant leurs murailles écroulées. C'est ce qu'il essaiera de faire avec *les Burgraves*, mais bien plus encore quelques années plus tard, en exil, lorsqu'il s'efforcera de contempler le mur des siècles dont il écrira la *Légende* en ruines.

Victor Hugo, Heidelberg
Lettre XXVIII *du Rhin*
(Brief XXVIII *der Rheinreise*)

Übersetzung von Wolfram Schäfer,
vervollständigt und überarbeitet von Jörn Albrecht

Bild 7 / fig. 7
Victor Hugo: Bild 1
Projet de frontispice pour le Rhin,
par Victor Hugo (encre de chine, aquarelle et gouache, 21,5 x 12,5
cm.). M.V.H. Inv. 60. © P.M.V.P., cliché Briant.

Vorbemerkung zur Übersetzung

Der deutsche Text der vorliegenden zweisprachigen Ausgabe beruht auf einer Übersetzung von Victor Hugos Rheinreise, die 1982 ebenfalls im Societäts-Verlag erschienen und heute vergriffen ist. Für Übersetzungen, die in einer zweisprachigen Ausgabe dem Original Seite für Seite gegenüberstehen, gelten ganz besondere Regeln. Viele Leser werden einen solchen Text vor allem als Hilfe bei der Lektüre des Originals heranziehen; sie möchten alles, was sie dort nicht ganz verstehen, mit Hilfe der Übersetzung genau kennenlernen. Für die übliche literarische Übersetzung gelten diese Regeln nicht. Die ältere Übersetzung mußte also dem neuen Zweck, dem sie hier zu dienen hat, angepaßt werden: Gestrichene Passus mußten ergänzt, sehr freie Lösungen enger an den Originaltext angelehnt und die Korrekturen sachlicher Irrtümer des Autors durch den Übersetzer rückgängig gemacht werden. Hier sollte Victor Hugo auch in der deutschen Übersetzung falsche deutsche Ausdrücke gebrauchen, Inschriften falsch zitieren und historische Ereignisse falsch datieren dürfen.

Eine kleine Gruppe von Studierenden des Instituts für Übersetzen und Dolmetschen der Universität Heidelberg (Virginie Baillinou, Friederike Brett, Christina Bunge, Ursula Eidenmüller, Elodie Schulze) hat sich mit Interesse und mit einem für ihren Lehrer ganz ungewohnten Eifer an die Arbeit gemacht. Wir konnten dabei alle mehr lernen als bei einer „gewöhnlichen" Übersetzung oder einer „gewöhnlichen" Übersetzungskritik.

Heidelberg, im August 2002   Jörn Albrecht

Note sur la traduction

Le texte allemand qui a servi de base à la présente édition bilingue s'inspire d'une traduction du *Rhin* de Victor Hugo qui avait déjà été publiée en 1982 par le Societäts-Verlag et est aujourd'hui épuisée. Les traductions destinées à accompagner page à page le texte original dans une édition bilingue obéissent à des règles particulières. Elles ont le mérite de faciliter à bien des lecteurs l'approche d'un texte dans sa version originale, lui permettant ainsi de découvrir ce dont il n'aurait eu qu'une compréhension approximative. Il va de soi que ces règles ne valent pas pour la traduction littéraire au sens habituel du terme. Ce nouvel objectif étant défini, il a donc fallu adapter l'ancienne traduction : compléter les passages supprimés, rapprocher de l'original les traductions trop libres, et réintroduire les fautes de Victor Hugo corrigées par le traducteur à l'époque. La présente version allemande respecte donc les erreurs commises par l'auteur : fautes de langue, confusion dans les épigraphes ou dates erronées.

Un petit groupe d'étudiants de l'Institut de traduction et d'interprétation de l'université de Heidelberg (Virginie Baillinou, Friederike Brett, Christina Bunge, Ursula Eidenmüller, Elodie Schulze) s'est attelé à cette tâche avec un intérêt et une ardeur qui ont agréablement surpris leur professeur. Tous en ont tiré un plus grand profit que s'il s'était agi d'une traduction ou d'une critique de traduction « ordinaire ».

Heidelberg, août 2002   Jörn Albrecht

An Herrn Louis B.

Heidelberg, im Oktober

Nehmen Sie sich in acht, mein lieber Louis, ich bin ganz in der Stimmung, Ihnen einen endlosen Brief zu schreiben. Sie erwarten vier Seiten von mir und *hundert will ich dir geben*, wie Orosmane versichert.[1] Wie dem auch sei, mein Lieber! Sehen Sie zu, wie Sie damit fertig werden; alte Freundschaften sind nun einmal redselig.

Ich bin vor zehn Tagen in dieser Stadt angekommen, und ich kann mich nicht von ihr losreißen. Sind Sie während Ihrer Deutschlandreise vor zwölf Jahren in Heidelberg gewesen? Vor allem, haben Sie sich hier aufgehalten? Denn man sollte nicht durch Heidelberg fahren, man sollte sich hier aufhalten, man müßte hier leben. Das würde ich Ihnen sicher nicht im Hinblick auf diese Art von falschem badischem Versailles raten, das man Mannheim nennt, diese fade Stadt, deren Straßen rechtwinklig in einen Gipsblock geschnitten zu sein scheinen und deren Kirchtürme, wie in Namur, keine Türme sind, sondern *bilboquets* mit glücklich aufgefangener Kugel.[2] Als ich den Rheindampfer verlassen hatte, bin ich in Mannheim eben so lange geblieben, um meinen Wagen anspannen zu lassen, dann bin ich eiligst nach Heidelberg entflohen. Machen Sie es genauso, wenn Sie je hierher kommen sollten.

Heidelberg liegt unter Bäumen geborgen am Eingang des Neckartals, zwischen zwei bewaldeten Höhenrücken, die stolzer sind als Hügel und weniger schroff als Berge; es besticht durch seine wunderbaren Ruinen, seine beiden Kirchen aus dem 15. Jahrhundert,

---

[1] In Voltaires *Zaïre*.

[2] *Bilboquet*: Ein Kugelfangspiel, bei dem es gilt, mit einem Stab ein Loch in einer Kugel zu treffen und sie damit festzuhalten. Wenn das Spiel *gelingt (réussit)*, erinnert der senkrecht gehaltene Stab mit der aufgefangenen Kugel an einen barocken Kirchturm.

À M. Louis B.

Heidelberg, octobre.

Cher Louis, prenez garde à vous, je suis en humeur de vous écrire une lettre interminable. Vous me demandez quatre pages ; *je t'en veux donner cent,* comme dit Orosmane. Ma foi ! tant pis, tirez-vous-en comme vous pourrez ; les vieilles amitiés sont bavardes.

Je suis arrivé dans cette ville depuis dix jours, cher ami, et je ne puis m'en arracher. Dans votre excursion en Allemagne, il y a douze ans, êtes-vous venu à Heidelberg ? surtout vous y êtes-vous arrêté ? car il ne faut pas passer à Heidelberg, il faut y séjourner, il faudrait y vivre. Je ne vous en dirai certes pas autant de cette espèce de faux Versailles badois qu'on appelle Mannheim, insipide ville, dont les rues semblent coupées à l'équerre dans un bloc de plâtre, et dont les clochers, comme ceux de Namur, ne sont pas des clochers, mais des bilboquets *réussis.* En descendant du bateau à vapeur du Rhin, je suis resté à Mannheim, le temps de faire atteler ma voiture et je me suis enfui en hâte à Heidelberg. Faites-en autant si jamais vous venez ici.

Heidelberg, située et comme réfugiée au milieu des arbres, à l'entrée de la vallée du Neckar, entre deux croupes boisées plus fières que des collines et moins âpres que des montagnes, a ses admirables ruines, ses deux églises du quinzième siècle, sa charmante

sein bezauberndes Haus aus dem Jahre 1595, mit roter Fassade und vergoldeten Statuen, das sich Gasthof zum *Ritter St. Georg* nennt, seine alten Türme am Wasser, seine Brücke und vor allem seinen klaren, ruhigen und doch wilden Fluß, in dem es von Forellen wimmelt, wo Legenden wuchern, wo spitze Felsen aufragen, wo die Strömung, von Klippen gehemmt, ein unentwirrbares Netz von Strudeln und Gegenströmungen bildet; ein zauberhafter ungebändigter Fluß, auf dem sicher nie ein Dampfschiff dahinstampfen wird.

Ich führe hier ein geschäftiges Leben, allerdings ein wenig vom Zufall beschäftigt; aber ich vergeude keine Minute, das versichere ich Ihnen; ich wandere durch den Wald, besuche die Bibliothek, diesen Wald besonderer Art; und abends, wenn ich wie Ihr Freund Benvenuto Cellini in mein Gasthauszimmer zurückgekehrt bin, schreibe ich auf Briefbogen, die wer weiß wo landen werden, meine Abenteuer des vergangenen Tages nieder.

Questa mia vita travagliata io scrivo.

Allein, Benvenutos Leiden[3] waren Schwertstreiche oder Stilettstiche, Fluchten aus dem Schloß Sant'Angelo, Kämpfe mit geschliffener Waffe für Rosso gegen die Schüler Raffaels, Befestigungen von Städten, Aufträge für Kolosse, Anmaßungen gegenüber dem Papst oder der Herzogin von Étampes, ziellose Reisen mit seinen beiden Adepten Paul und Ascagne, die Einnahme des Hôtel de Nesle, dessen Möbel und Bewohner zu den Fenstern hinausbefördert wurden; und dann gelang ihm hier und da ein Meisterwerk, *qualche bell'opera*, wie er selbst sagte, eine Juno, eine Leda, ein silberner Jupiter, groß wie François Ier, oder eine goldene Kanne, für die der König von Frankreich dem Kardinal von Ferrara eine Abtei mit Einkünften von siebentausend Talern gab.

Meine Abenteuer hingegen und meine Leiden, die des Ihnen vertrauten fleißigen Nichtstuers, sind nicht neu für Sie. Sie kennen sie alle auswendig, lange genug haben Sie sie miterlebt. Es sind einsa-

---

[3] *Travaux* hier im älteren, in italienisch *travaglio* noch lebendigen Sinn „souffrances".

maison de 1595, à façade rouge et à statues dorées, dite l'auberge du Chevalier de Saint-Georges, ses vieilles tours sur l'eau, son pont et surtout sa rivière, sa rivière limpide, tranquille et sauvage, où foisonnent les truites, où abondent les légendes, où se hérissent les rochers, où le flot, compliqué d'écueils, n'est qu'un inextricable réseau de tourbillons et de courants ; ravissant fleuve-torrent où l'on peut être sûr que jamais un bateau à vapeur ne viendra patauger.

Je mène ici une vie occupée, occupée un peu au hasard, il est vrai, mais je ne perds pas un instant, je vous assure ; je hante la forêt et la bibliothèque, cette autre forêt ; et le soir, rentré dans ma chambre d'auberge, comme votre ami Benvenuto Cellini, j'écris sur des feuilles, qui s'en iront je ne sais où, mes aventures de la journée.

Questa mia vita travagliata io scrivo.

Seulement les travaux de Benvenuto, c'étaient des coups d'épée ou de stylet, des évasions du château Saint-Ange, des combats à fer émoulu pour le Rosso contre les disciples de Raphaël, des villes fortifiées, des colosses entrepris, des insolences au pape ou à la duchesse d'Étampes, des voyages de bohémien, avec ses deux élèves Paul et Ascagne, l'hôtel de Nesle pris d'assaut et vidé par les fenêtres, meubles et gens ; et puis, çà et là, quelque chef-d'œuvre, *qualche bell'opera,* comme il dit lui-même, une Junon, une Léda, un Jupiter d'argent haut comme François Iᵉʳ, ou une aiguière d'or pour laquelle le roi de France donnait au cardinal de Ferrare une abbaye de sept mille écus de rente.

Mes aventures et mes travaux, à moi, laborieux fainéant que vous connaissez bien, cher Louis, vous les savez par cœur, vous les avez assez longtemps partagés ; c'est une promenade solitaire dans un

me Spaziergänge auf verlorenen Pfaden, Blicke auf die Sonnenstrahlen auf dem Moos, Besichtigungen von Domen oder Dorfkirchen, das Blättern in einem alten Buch im Schatten eines alten Baums, Auskünfte, die ich von einem einfachen Bauern einhole, ein schöner Käfer mit goldviolettem Panzer, der unglücklicherweise auf den Rücken gefallen ist, sich abzappelt und den ich im Vorbeigehen mit der Fußspitze wieder umdrehe; irgendwelche Verse, die zu der Stimmung passen; und dann stundenlange Träumereien vor der Burg Rochemaure an der Rhône, dem Schloß Gaillard an der Seine, dem Rolandseck am Rhein, vor einer Ruine hoch über einem Strom, etwas, das zerfällt, hoch über dem, das vorbeifließt, oder, was einen meines Erachtens nicht weniger anrührt, von etwas Blühendem, das sich über etwas Singendes neigt, wie das Vergißmeinnicht, das seine blauen Blüten zu einem lebhaften Bach hinabbeugt.

Ja, das tue ich oder, besser ausgedrückt, das bin ich; denn für mich leitet sich *tun* zwangsläufig und unmittelbar von *sein* ab. Man ist, was man tut.

Hier in Heidelberg, in dieser Stadt, in diesem Tal, inmitten dieser Ruinen ist das Leben für einen nachdenklichen Menschen reizvoll. Ich fühle, daß ich dieses Land nicht wieder verlassen würde, wenn Sie da wären, lieber Louis, wenn ich all die Meinen hier hätte und wenn der Sommer etwas länger dauern würde.

Morgens gehe ich los und zuerst (verzeihen Sie mir einen äußerst gewagten Ausdruck, der jedoch meinen Gedanken wiedergibt), um meinem Geist ein Frühstück zu gewähren, am Haus zum Ritter Sankt Georg vorbei. Es ist wirklich ein hinreißendes Gebäude. Stellen Sie sich drei Etagen mit schmalen Fenstern vor, die einen dreieckigen Giebel mit breiten, lockenartigen Voluten tragen; über alle drei Etagen springen zur Straßenseite zwei Türmchen mit wunderlich verziertem Dachwerk hervor; und schließlich ist die ganze rote Sandsteinfassade mal neckisch, mal streng behauen, ziseliert, mit dem Meißel bearbeitet und von oben bis unten mit vergoldeten Arabesken, Medaillons und Büsten versehen. Als der Poet, der dieses Haus gebaut hat, mit der Errichtung fertig war, hat er in goldenen Buchstaben in die Mitte der Frontseite folgenden

sentier perdu, la contemplation d'un rayon de soleil sur la mousse, la visite d'une cathédrale ou d'une église de village, un vieux livre feuilleté à l'ombre d'un vieux arbre, un petit paysan que je questionne, un beau scarabée enterreur cuirassé d'or violet, qui est tombé par malheur sur le dos, qui se débat, et que je retourne en passant avec le bout de mon pied ; des vers quelconques mêlés à tout cela ; et puis, des rêveries de plusieurs heures devant la Roche-More sur le Rhône, le Château-Gaillard sur la Seine, le Rolandseck sur le Rhin, devant une ruine sur un fleuve, devant ce qui tombe sur ce qui passe, ou, spectacle à mon sens non moins touchant, devant ce qui fleurit sur ce qui chante, devant un myosotis penchant sa grappe bleue sur un ruisseau d'eau vive.

Voilà ce que je fais, ou, pour mieux dire, voilà ce que je suis : car, pour moi, *faire* dérive fatalement et immédiatement d'*être*. Comme on est, on fait.

Ici, à Heidelberg, dans cette ville, dans cette vallée, dans ces décombres, la vie d'homme pensif est charmante. Je sens que je ne m'en irais pas de ce pays si vous y étiez, cher Louis, si j'y avais tous les miens, et si l'été y durait un peu plus longtemps.

Le matin, je m'en vais, et d'abord (pardonnez-moi une expression effrontément risquée, mais qui rend ma pensée), je passe, pour faire déjeuner mon esprit, devant la maison du Chevalier de Saint-Georges. C'est vraiment un ravissant édifice. Figurez-vous trois étages à croisées étroites supportant un fronton triangulaire à grosses volutes bouclées à jour ; tout au travers de ces trois étages deux tourelles-espions à faîtages fantasques, faisant saillie sur la rue ; enfin, toute cette façade en grès rouge, sculptée, ciselée, fouillée, tantôt goguenarde, tantôt sévère, et couverte du haut en bas d'arabesques, de médaillons et de bustes dorés. Quand le poète qui bâtissait cette maison l'eut terminée, il écrivit en lettres d'or, au mi-

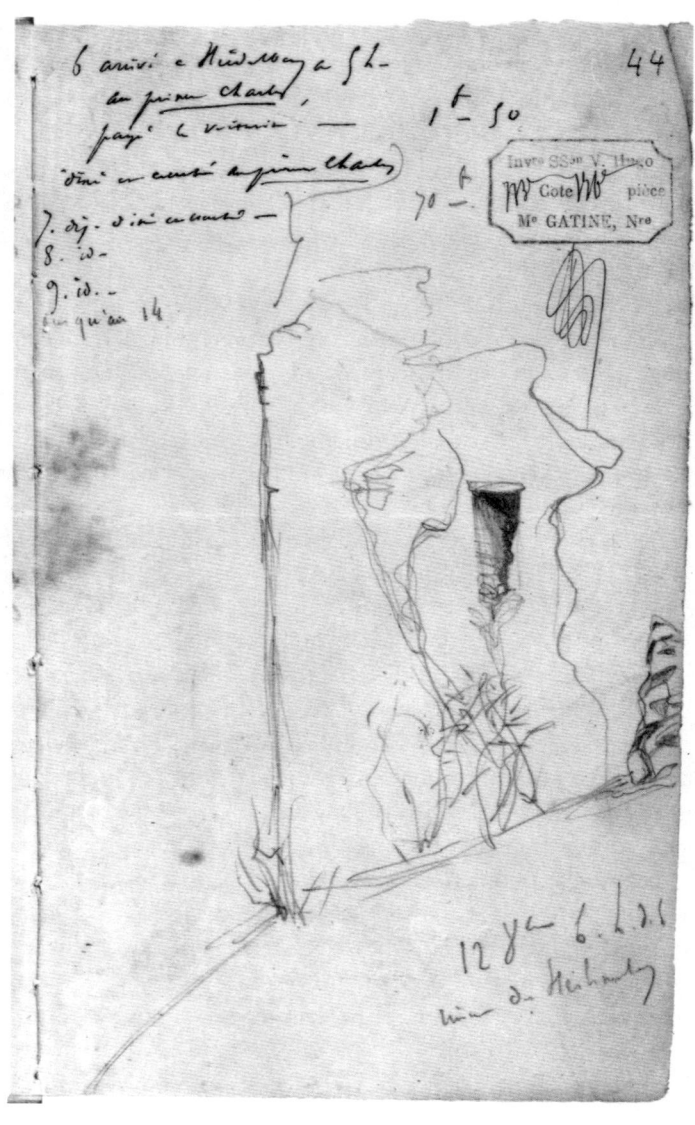

Bild 8 / fig. 8
12 8bre 6h. du s. ruine du Heiligenberg,
par Victor Hugo, Carnet de 1840, Folio 44. © R. Lalance.

Bild 9 / fig. 9
[La maison du Chevalier de Saint-Georges à Heidelberg/Das Haus
des Ritters in Heidelberg]
« …Aujourd'hui, la charmante façade vermeille … intacte et fière …
se dresse superbement sur la ville… »
„Heute erhebt sich die […] intakte und stolze Fassade […] in aller
Erhabenheit über die Stadt […]"

ergebenen und frommen Vers eingemeißelt: *Si Jehova non ædificet domum, frustra laborant ædificantes eam.*

Das war 1595. Fünfundzwanzig Jahre später, 1620, begann mit der Schlacht am Weißen Berg bei Prag der Dreißigjährige Krieg, der sich bis zum Westfälischen Frieden im Jahre 1648 hinzog. Während dieser langen Ilias, deren Achilles Gustav-Adolf war, wurde Heidelberg viermal belagert, eingenommen, zurückerobert, zweimal beschossen und schließlich 1635 niedergebrannt.

Ein einziges Haus entging dieser Feuersbrunst: das von 1595. Alle anderen, die ohne den Segen des Herrn erbaut worden waren, sind vom Boden bis zum Giebel abgebrannt.

Nach dem Friedensschluß kehrte der Pfalzgraf Karl-Ludwig, den man den Salomon Deutschlands genannt hatte, aus England zurück und begann mit dem Wiederaufbau der Stadt. Auf Salomon folgte Heliogabal, auf den Grafen Karl-Ludwig folgte Graf Karl, dann wurde die pfälzische Linie von Wittelsbach-Simmern von dem Zweig Pfalz-Neuburg abgelöst, und auf den Dreißigjährigen Krieg folgte der Pfälzische Erbfolgekrieg. Und 1689 legte ein Mann, dessen Name heute in Heidelberg als Kinderschreck dient, Generalleutnant Mélac, Offizier der Armeen des Königs von Frankreich, die pfälzische Stadt in Schutt und Asche, so daß nur ein Trümmerhaufen übrigblieb.

Ein einziges Haus überstand die Verwüstung: das von 1595.

Erneut begann man den Wiederaufbau von Heidelberg. Vier Jahre später, 1693*, kehrten die Franzosen zurück; die Soldaten Ludwigs XIV. schändeten in Speyer die Kaisergräber und in Heidelberg die Grabstätten der Pfalzgrafen.

Der Marschall von Lorges ließ Feuer an die vier Ecken der kurpfälzischen Residenz legen; die Feuersbrunst war entsetzlich, ganz Heidelberg brannte. Als der Wirbel von Feuer und Qualm, der die Stadt einhüllte, langsam abzog, sah man ein Haus, ein einziges stehendes Haus in diesem Haufen Asche.

Es war erneut, es war wie immer das Haus von 1595.

Heute erhebt sich die karmesinrote, golden damaszierte, stets jungfräuliche, intakte und stolze Fassade, die allein würdig ist, inmitten der Anhäufung von unbedeutenden weißen Häusern, aus

lieu du frontispice, ce verset obéissant et religieux : *Si Jehova non
ædificet domum, frustra laborant ædificantes eam.*

C'était en 1595. Vingt-cinq ans après, en 1620, la guerre de Trente Ans commença par la bataille du Mont-Blanc, près de Prague, et
se continua jusqu'à la paix de Westphalie, en 1648. Pendant cette
longue iliade dont Gustave-Adolphe fut l'Achille, Heidelberg, quatre fois assiégée, prise et reprise, deux fois bombardée, fut incendiée
en 1635.

Une seule maison échappa à l'embrasement, celle de 1595. Toutes les autres, qui avaient été bâties sans le Seigneur, brûlèrent de
fond en comble.

À la paix, l'électeur palatin, Charles-Louis, qu'on a surnommé le
Salomon de l'Allemagne, revint d'Angleterre et releva sa ville. À
Salomon succéda Héliogabale, au comte Charles-Louis, le comte
Charles ; puis, à la branche palatine de Wittelsbach-Simmern, la
branche palatine de Pfalz-Neubourg, et enfin à la guerre de Trente
Ans la guerre du Palatinat. En 1689, un homme dont le nom est uti-
lisé aujourd'hui à Heidelberg pour faire peur aux petits enfants,
Mélac, lieutenant général des armées du roi de France, mit à sac la
ville palatine et n'en fit qu'un tas de décombres.

Une seule maison survécut, la maison de 1595.

On se hâta de reconstruire Heidelberg. Quatre ans plus tard, en
1693*, les Français revinrent ; les soldats de Louis XIV violèrent à
Spire les sépultures impériales, et à Heidelberg les tombeaux palatins.

Le maréchal de Lorges mit le feu aux quatre coins de la résidence
électorale ; l'incendie fut horrible, tout Heidelberg brûla. Quand le
tourbillon de flamme et de fumée qui enveloppait la ville fut dissi-
pé, on vit une maison, une seule debout, dans ce monceau de cendres.

C'était encore, c'était toujours la maison de 1595.

Aujourd'hui la charmante façade vermeille, damasquinée d'or,
toujours vierge, intacte et fière, et seule digne de se rattacher au
château dans cet insignifiant entassement de maisons blanches qui

---

* Siehe Text ab Seite 168.

denen Heidelberg gegenwärtig besteht, mit dem Schloß in einem Atemzug genannt zu werden, in aller Erhabenheit über die Stadt und läßt ihre triumphierende Inschrift in der Sonne glitzern, so daß ich jeden Morgen, wenn ich dort vorbeikomme, lesen kann, daß Jehova der Erbauer und Jehova der Retter war.

Allerdings muß man zugeben, daß die Frömmigkeit der Renaissance ein wenig von heidnischen Vorstellungen gewürzt war und daß der ernste Spruch in seiner Wirkung von der profanen Zeile tatsächlich abgeschwächt wird, die der Architekt darunter eingraviert hat: *Præstat, invicta Venus,*[4] die sich ihrerseits ein bißchen durch die dritte Inschrift eingeengt fühlen muß, mit der sich der Giebel schmückt: *Soli. Deo. Gloria.*

Habe ich das wundersame Haus begrüßt, schreite ich über die Brücke und wandere auf die Bergeshöhen.

Dort gebe ich mich meiner Versunkenheit hin, ich verliere mich, ich marschiere vor mich hin, ich nehme den ersten Weg, der sich mir bietet; ich betrachte, Kapitell für Kapitell, die Bäume, diese Pfeiler der großen geheimnisvollen Kathedrale, und in die Lektüre der Natur vertieft, wie alte Puritaner in die Meditation über die Bibel, suche ich Gott.

Jeder hat sein eigenes Buch, lieber Freund, und Sie müssen wissen, daß im Evangelium wie in der Landschaft dieselbe Hand dieselben Dinge geschrieben hat. Ich persönlich meine, daß alle Gesichter Jehovas betrachtet werden wollen und müssen; und dieser Gedanke regelt und erfüllt seit zwanzig Jahren all meine Träumereien, wie Sie wohl wissen, Louis, der Sie Anteil an mir nehmen wie ich an Ihnen. Ich denke auch, daß das Studium der Natur in keiner Weise der Lebenspraxis schadet und daß der Geist, der sich frei weiß, beflügelt unter den Vögeln, voller Duft unter den Blumen, beweglich und kraftvoll unter Wassern und Bäumen, hochfliegend, erhaben und friedlich in den Bergen, daß dieser Geist auch weiß, wann die Stunde kommt, und vielleicht besser als jeder andere unter den Menschen beredt und intelligent sein kann. Ich selbst bin

---

[4] Die Inschrift lautet tatsächlich *Persta invicta, Venus*, „Bleibe stets unbesiegt, Schönheit!"

compose à présent Heidelberg, se dresse superbement sur la ville et fait étinceler au soleil la triomphante inscription où je lis tous les matins en passant que Jéhova a été l'ouvrier et que Jéhova a été le sauveur.

Il est vrai, car il faut tout dire, et la dévotion de la Renaissance s'assaisonnait de fantaisies païennes, il est vrai que l'effet de ce grave psaume est un peu modifié par cette ligne profane que l'architecte a gravée au-dessus *Præstat invicta Venus,* laquelle doit elle-même se sentir un peu gênée par cette troisième légende dont se couronne le fronton : *Soli. Deo. Gloria.*

La miraculeuse maison saluée, je passe le pont et je m'en vais dans la montagne.

Là, je m'enforce, je me perds, je marche devant moi, je prends le chemin qui se présente ; je regarde, chapiteau par chapiteau, les arbres, ces piliers de la grande cathédrale mystérieuse ; et, plongé dans la lecture de la nature, comme les vieux puritains dans la méditation de la Bible, je cherche Dieu.

Ami ! chacun a son livre, et, voyez-vous, dans l'Évangile comme dans le paysage, la même main a écrit les mêmes choses. Quant à moi, je pense que toutes les faces de Jéhova veulent et doivent être contemplées, et cette idée règle et remplit toutes mes rêveries depuis vingt ans ; vous le savez, vous, Louis, qui m'aimez et que j'aime. Je pense aussi que l'étude de la nature ne nuit en aucune façon à la pratique de la vie, et que l'esprit qui sait être libre et ailé parmi les oiseaux, parfumé parmi les fleurs, mobile et vibrant parmi les flots et les arbres, haut, serein et paisible parmi les montagnes, sait aussi, quand vient l'heure, et mieux peut-être que personne,

Bild 10 / fig. 10
[Vielles maisons]
«... la maison de 1595 ... seule digne de se rattacher au château dans
cet insignifiant entassement de maisons blanches qui compose à présent Heidelberg... »

„das Haus von 1595 [...] das allein würdig ist, inmitten der Anhäufung von unbedeutenden weißen Häusern, aus denen Heidelberg gegenwärtig besteht [...]"

ein Nichts, ich weiß es, aber ich tue mein Nichts mit einem kleinen Stück von allem zusammen.

So wandere ich den ganzen Tag, ohne recht zu wissen, wo ich bin, den Blick meistens auf den Boden gerichtet, den Kopf dem Pfad zugeneigt, die Hände auf dem Rücken, und lasse die Stunden verstreichen und greife die Gedanken auf, wenn ich welche finde. Ich setzte mich auf ausgezeichnete, mit Moos bezogene Sessel, das heißt auf grünen Samt, den der römische Gott Pales unter allen alten Eichen für den müden Wanderer geformt hat; ich setze zu meiner Begrüßung wie ein großzügiger Herrscher alle Fliegen und Schmetterlinge in Freiheit, die ich in Netzen um mich herum gefangen sehe; eine kleine heimliche Amnestie, die, wie jeder Gnadenerlaß, nur die Nutznießer der Strafe, die Spinnen, ärgert. Und dann betrachte ich in der Schlucht unter meinem Thron den wunderbaren Lauf eines Baches, der von spitzem Felsgestein durchsetzt ist, an dem sich die Silbertunika der Najade in tausend Falten kräuselt; oder, wenn es an dem Berg keinen Sturzbach gibt, wenn Wind, Blätter und Gras schweigen, wenn der Ort sehr ruhig, sehr verlassen und weit von jeder Stadt, jedem Haus und selbst jeder Hütte entfernt liegt, bringe ich in mir selbst zum Schweigen, was ohne Unterlaß in uns murmelt; ich lausche dem Lied eines jungen Bergbewohners, der versteckt hinter den Zweigen, da hinten in der Ferne, unter oder über mir, seine Ziegenherde weidet. Nichts ist melancholischer und süßer als das urtümliche Jodeln, das ein armer, unsichtbarer kleiner Ziegenhirte tief im Schatten für die Einsamkeit erklingen läßt, die ihm zuhört. Manchmal vernimmt man in dem ganzen großen Berggebiet nichts als eine Kinderstimme.

Die Bewohner dieser Nachbarwälder des Schwarzwalds kennen eine Art von hell-dunklem Gesang, die bezaubert.

Da ich jeden Tag unterwegs bin, kennt und akzeptiert man mich allmählich in den Dörfern. Die Kinder, die Soldaten spielen, öffnen ihre Reihen, um mich vorbeizulassen; der Fuhrmann aus dem Neckartal lächelt mir unter seinem mit Silberlitzen, herabhängenden Fransen und künstlichen Rosen verzierten Filzhut zu; die Bauern grüßen mich ernst mit ihren großen Hüten à la Henri IV.; die

être intelligent et éloquent parmi les hommes. Je ne suis rien, je le sais, mais je compose mon rien avec un petit morceau de tout.

Je vais ainsi toute la journée sans trop savoir où je suis, l'œil le plus souvent fixé à terre, la tête courbée vers le sentier, les bras derrière le dos, laissant tomber les heures et ramassant les pensées quand j'en trouve. Je m'assieds dans ces excellents fauteuils revêtus de mousse, c'est-à-dire de velours vert, que l'antique Palès creuse au pied de tous les vieux chênes pour le voyageur fatigué ; je mets en liberté, pour ma bienvenue, comme un souverain débonnaire, toutes les mouches et tous les papillons que je trouve pris dans des filets autour de moi ; petite amnistie obscure, qui, comme toutes les amnisties, ne fâche que les araignées. Et puis je regarde couler au-dessous de mon trône, dans le ravin, quelque admirable ruisseau semé de roches pointues où se fronce à mille plis la tunique d'argent de la naïade ; ou bien, si le mont n'a pas de torrent, si le vent, les feuilles et l'herbe se taisent, si le lieu est bien calme, bien désert, bien éloigné de toute ville, de toute maison, de toute cabane même, je fais faire silence en moi-même à tout ce qui murmure sans cesse en nous, et j'ouvre l'oreille aux chansons de quelque jeune montagnard perdu dans les branches avec son troupeau de chèvres, là-bas, bien loin, au-dessus ou au-dessous de moi. Rien n'est mélancolique et doux comme la tyrolienne sauvage chantée dans l'ombre par un pauvre petit chevrier invisible, pour la solitude qui l'écoute. Quelquefois, dans toute une grande montagne, il n'y a que la voix d'un enfant.

Les montagnards de ces forêts voisines de la Forêt-Noire ont une espèce de chant clair-obscur qui est charmant.

Comme je me promène tous les jours, je commence à être connu et accepté dans les villages. Les enfants qui jouent aux soldats se dérangent pour me laisser passer ; le roulier de la vallée du Neckar me sourit sous son feutre orné de galons d'argent à franges pendantes et de roses artificielles ; les paysans me saluent gravement avec leur grand chapeau à la Henri IV, les jeunes filles et les vieilles femmes

junge Mädchen und alten Frauen betrachten mich wie einen vertrauten Passanten und sagen: *Guttag*!

Apropos, ich frage mich hier öfter als anderswo, wenn ich durch ein Dorf oder einen Weiler komme, wie derart hübsche junge Mädchen so häßliche alte Frauen werden können. Hie und da stoße ich auf pittoreske Hütten, die ein Motiv für meinen Zeichenstift abgeben. In diesem Land, das von den Kriegen der Feudalzeit, des Kaisertums und der Revolution verwüstet wurde, sind die Behausungen mit Steinen von zerstörten Schlössern erbaut; das ergibt merkwürdige Gebäude. Kürzlich bin ich auf eine folgendermaßen zusammengesetzte Bauernkate gestoßen: vier weißgekalkte Lehmwände, eine Tür und ein Fenster an der Vorderseite; rechts neben der Tür den gekrönten bayerischen Löwen mit Reichsapfel und Zepter, der fast reliefartig aus einer roten Sandsteinplatte herausgearbeitet war. Links vom Fenster befand sich eine andere rote Sandsteinplatte, ein großes Flachrelief, das eine Faust darstellte, die verkrampft auf einem Holzblock lag und von einer Axt halb gespalten war. Über der Axt konnte man von dem Datum nur noch 16.. lesen; unter dem Holzklotz stand ein anderes Datum: 1731; und zwischen den Daten das Wort: RENOVATVM. Nichts erschien geheimnisvoller und finsterer als dieses Flachrelief. Man sieht den Mann nicht, dem die Faust gehört. Man sieht den Scharfrichter nicht, dessen Axt man erblickt. Dieser abscheuliche Gegenstand scheint aus einer Wolke hervorzutreten. Die beiden Flachreliefs sind etwas unterhalb der alten Dachlatten eingelassen. Der pfälzische Löwe scheint sich gleichsam verwirrt und wütend nach dieser halb gespaltenen Faust umzusehen. Also, wer hat da diesen Löwen angebracht? Was bedeutet dieses häßliche Flachrelief? Welches Verbrechen verbirgt sich hinter dieser Marter? Welchem einzigartigen Zufall war es in den Sinn gekommen, eine Kate mit diesem brüllenden Löwen und dieser blutenden Hand zu versehen? Eine Weinranke voller Trauben klettert fröhlich über dieses dunkle Rätsel.

Aufgrund meiner genauen Betrachtung entdeckte ich einige Buchstaben oben auf dem Relief mit der Faust, und als ich die Trauben und Blätter beiseite geschoben hatte, konnte ich das Wort „Burg-Freyheit" entziffern.

me considèrent comme un passant familier, et me disent « Gu-tag. »

À propos, ici, plus que partout, je me demande, chaque fois que je traverse une rue de bourg ou de hameau, comment d'aussi jolies jeunes filles peuvent faire d'aussi laides vieilles femmes. Je dessine çà et là les baraques qui ont du style. Dans ce pays dévasté par les guerres féodales, les guerres monarchiques et les guerres révolutionnaires, les cabanes sont construites avec des ruines de châteaux ; cela fait d'étranges édifices. L'autre jour j'ai rencontré une masure de paysan ainsi composée : quatre murs de torchis, blanchis à la chaux, une porte et une fenêtre sur la façade ; à droite de la porte, le lion de Bavière couronné, portant le globe et le sceptre, sculpté presque en ronde bosse sur une large dalle de grès rouge. À gauche de la fenêtre, une autre lame de grès rouge, grand bas-relief représentant un poing crispé sur un billot et à demi entaillé par une hache. Au-dessus de la hache, cette date effacée, 16.. ; au-dessous du billot, cette autre date, 1731 ; entre les deux dates, ce mot RENO-VATVM. Rien de plus mystérieux et de plus sinistre que ce bas-relief. On ne voit pas l'homme dont on voit le poing ; on ne voit pas le bourreau dont on voit la hache. Cette affreuse chose semble sortir d'un nuage. Les deux bas-reliefs sont incrustés dans le mur un peu au-dessous de vieilles lattes du toit. Le lion palatin se tourne comme irrité et furieux vers ce poing à moitié coupé. Maintenant, qui a apporté là ce lion ? que signifie ce hideux bas-relief ? quel crime y a-t-il sous ce supplice ? quel est ce hasard singulier ? qui a eu le caprice de compléter une chaumière avec ce lion rugissant et cette main sanglante ? Un cep de vigne, chargé de raisins, grimpe joyeusement à travers cette sombre énigme.

À force de regarder, j'ai trouvé quelques caractères gravés sur le haut du bas-relief au poing coupé ; et, en dérangeant les grappes et les feuilles, j'ai déchiffré le mot *Burg-Freyheit*.

Am gleichen Tag hatte ich die Stadt mittags über den *Philoso-phenweg* verlassen, einen Weg, der wer weiß wohin führt, wie es einem Weg für Philosophen ansteht, und befand mich gegen Abend in irgendeinem Tal. Ich kletterte den steilen Hang eines hohen Hügels über einen dieser alten Pfade empor, die man in diesem Land oft antrifft; Treppenpfade, die mit groben unbehauenen Steinen gepflastert sind und wie eine flach auf dem Boden ausgelegte Zyklopenwand aussehen und die übrigens von Unwissenden den Riesen und von Gelehrten den Römern zugeschrieben werden, also in jedem Fall Riesen.

Der Tag erlosch hinter mir in der Rheinebene.

Es war einer jener düsteren Sonnenuntergänge, bei denen die Sonne für immer im Dunkel zu versinken scheint, erdrückt von Granitwolken, unförmig und in einer riesigen Blutlache schwimmend.

In diesem Licht kletterte ich Stück für Stück aufwärts.

Langsam verblaßte es, wich es dem Schatten. Als ich die halbe Höhe erreicht hatte, drehte ich mich um.

Ich hatte nichts weiter vor Augen als eine dieser großen dämmrigen Landschaften, an deren Horizont sich die Berge wie Riesenschnecken hinziehen, die unter dem Nebel blaß und undeutlich in den Bächen und Flüssen ihre silbrige Spur hinterlassen.

Der Berg wurde sehr steil, die Felstreppe wollte kein Ende nehmen; doch das Heidekraut und die jungen Zwergkastanien verbreiteten um mich herum dieses freundschaftliche und gastliche Gewisper, das den Wanderer zum Weitergehen einlädt.

Ich stieg also weiter bergauf.

Als ich über die Flanke des Berges den Gipfel erreichte, tauchte plötzlich strahlend und rund der Vollmond vor mir auf, der Mond, der in den Ebenen kupferfarben, golden in den Bergen aufzugehen pflegt; und als er über den benachbarten Hügelkamm kletterte, begann er auf gleicher Höhe mit den schwarzen Sträuchern wie eine glänzende Scheibe, von unsichtbaren Geistern vorwärts geschoben, weiterzugleiten. Die ganze Kette von Gipfeln und Tälern, die Stufen dieses Riesenpfads hatten bei dieser Klarheit eine irgendwie übernatürliche Gestalt angenommen.

Le même jour, c'était vers le soir, j'avais quitté à midi la ville par le chemin dit *des Philosophes*, lequel chemin s'en va je ne sais où, comme il sied à un chemin de philosophes, et j'étais dans un vallon quelconque. Je me mis à gravir l'escarpement d'une haute colline par un de ces sentiers antiques qu'on trouve souvent dans ce pays, sentiers-escaliers, pavés de grosses roches brutes, qui ont l'air d'un mur cyclopéen posé à plat sur le sol, attribués d'ailleurs par les ignorants aux géants et par les savants aux Romains, c'est-à-dire toujours aux géants.

Le jour s'éteignait derrière moi dans la plaine du Rhin.

C'était un de ces sinistres soleils couchants où le soleil semble s'abîmer pour jamais dans l'ombre, écrasé sous des nuages de granit, informe et nageant dans une immense mare de sang.

Je montais lentement à cette lueur.

Peu à peu elle blêmit, puis s'effaça. Quand je fus à mi-côte je me retournai.

Je n'avais plus sous les yeux qu'un de ces grands paysages crépusculaires où les montagnes se traînent sur l'horizon comme d'énormes colimaçons dont les rivières et les fleuves, pâles et vagues sous la brume, semblent être la trace argentée.

Le mont devenait très âpre, l'escalier de rochers s'allongeait indéfiniment ; mais les bruyères et les jeunes châtaigniers nains s'agitaient autour de moi avec ce murmure amical et hospitalier qui invite le voyageur à continuer.

Je repris donc mon ascension.

Comme j'atteignais le sommet d'un des bas-côtés du mont, la lune, la pleine lune, ronde et éclatante, qui se lève de cuivre dans les plaines et d'or dans les montagnes, apparut tout à coup devant moi ; et, gravissant elle-même le long de la colline voisine, se mit à glisser à fleur de terre dans les broussailles noires comme un disque splendide poussé par des génies invisibles. Toute cette chaîne de sommets et de vallées, vue à cette clarté, des marches de ce sentier des géants, avait je ne sais quelle figure surnaturelle.

Nun hätte ich ganz gut Hilfe gebrauchen können. Der Mond beleuchtete meinen Weg, was mir sehr zustatten kam. Gleichzeitig wanderte mein Schatten neben mir her, als wolle er mir Gesellschaft leisten. Zehn Minuten später war ich auf der höchsten Erhebung des Berges. Von unten hatte ich ihn nicht für so hoch gehalten. Aber, nebenbei gesagt, dies ist ein wenig die Geschichte aller großen Dinge, wenn man sie von unten betrachtet. Daher die herabsetzenden und engstirnigen Urteile kleiner Leute über große Männer.

Am Himmel war nichts zu sehen als der Mond. Weder eine Wolke noch ein Stern. Dies war der große Tag für die Nacht, der monatlich nur einmal kommt. Was sich auf dem Berggipfel, einem breiten Rücken, bedeckt mit Heidekraut und sonst vom Wind leergefegt, meinen Augen bot, war keine Landschaft, sondern eine große, fast runde Landkarte, durch die Entfernung und den Dunst verwischt, ein Anblick, wie er sich Jesus Christus geboten haben muß, als Satan ihn auf den Berg führte, um ihm das Königreich dieser Erde anzubieten. Übrigens: Ein derartiges Angebot demjenigen zu unterbreiten, der weiß, daß er Gott ist, und von dem wir wissen, daß er Gott ist, also demjenigen das Reich dieser Erde anzubieten, dem die Königreiche des Himmels gehören, das ist, unter uns gesagt, ein so törichter Zug, daß ich ihn mir bei dieser Art von vorsintflutlichem Voltaire, den wir „Teufel" nennen, einfach nicht vorstellen kann.

Im Norden grenzte die Heide an einen Wald. Kein einziges Haus war zu entdecken, keine einzige Holzfällerhütte. Tiefe Stille überall.

Wie ich so über diesen Bergrücken ging, bemerkte ich, wenige Schritte von dem kaum erkennbaren Pfad entfernt, unter stacheligem Gestrüpp (apropos Gestrüpp: unserer Sprache fehlt ein Wort für *horridus*; es ist abweisender als „stachlig", aber weniger abstoßend als *horribilis*) eine Art Loch, zu dem ich mich begab.

Es war eine ziemlich große rechteckige Grube von zehn oder zwölf Fuß Tiefe und acht oder neun Fuß Breite, in die sich rötliche Brombeersträucher senkten, durch deren Gestrüpp einzelne Mondstrahlen drangen. Am Boden erkannte ich undeutlich ein Pflaster

Je commençais à avoir besoin d'aide. La lune éclairait ma route, ce qui me convenait fort. En même temps mon ombre se mit à marcher à côté de moi comme pour me tenir compagnie. Dix minutes après j'étais au haut de la montagne. D'en bas je ne la voyais pas si haute. Soit dit en passant, c'est un peu l'histoire de toutes les grandes choses vues d'en bas. De là les jugements diminuants et étroits des petits hommes sur les grands hommes.

Il n'y avait dans le ciel que la lune. Ni un nuage, ni une étoile. C'était ce grand jour de la nuit qui arrive une fois par mois. Au sommet du mont, vaste croupe couverte de bruyères et rasée par le vent, ce que j'avais sous les yeux n'était pas un paysage, mais une grande carte géographique presque circulaire, estompée par la distance et la vapeur, comme celle que dut voir Jésus-Christ quand Satan le transporta sur la montagne pour lui offrir les royaumes de la terre. Par parenthèse, faire une pareille proposition à celui qui se sait Dieu et qu'on sait Dieu, offrir les royaumes de la terre à celui qui a les royaumes du ciel, c'est là un trait de stupidité, disons-le entre nous, que j'ai peine à comprendre de la part de cette espèce de Voltaire antédiluvien que nous appelons le diable.

Vers le nord la bruyère aboutissait à une forêt. Pas une chaumière, pas une hutte de bûcheron. Une solitude profonde.

Comme je me promenais sur cette croupe, j'aperçus à quelques pas d'un sentier à peine distinct, sous des buissons hérissés (à propos de buissons, le mot *horridus* manque dans notre langue : il dit moins qu'*horrible* et plus que *hérissé*), j'aperçus, dis-je, une espèce de trou vers lequel je me dirigeai.

C'était une assez grande fosse carrée, profonde de dix ou douze pieds, large de huit ou neuf, dans laquelle s'affaissaient des ronces rougeâtres, et où les rayons de la lune entraient par les crevasses de la broussaille. Je distinguais vaguement au fond un pavage à larges

aus breiten vom Regen ausgewaschenen Platten, und an den vier Wänden sah ich ein mächtiges Mauerwerk aus gewaltigen Steinen, das von Gräsern und Moos wie entstellt war.

Ich glaubte, auf dem Grund ein paar grobe Skulpturen inmitten von Trümmerwerk zu erblicken und unter diesen Ruinen einen dicken runden, leicht ausgebauchten Block, der in der Mitte ein kleines quadratisches Loch aufwies; es konnte ein keltischer Altar oder ein Kapitell aus dem 6. Jahrhundert sein.

Im übrigen gab es keine Treppe, um in die Grube hinabzusteigen.

Vielleicht war es auch nur eine einfache Zisterne, aber ich versichere Ihnen, daß die Stunde, der Ort, der Mond, das Dornengesträuch und die auf dem Grund undeutlich zu erkennenden Gegenstände diesem geheimnisvollen Raum, der ohne Stufen in die Erde eingelassen war und dem der Himmel als Decke diente, irgend etwas Ungeheuerliches und Wildes verliehen.

Was war das für eine eigenartige Grube? Sie kennen mich, ich bin beharrlich, ich möchte über diesen Keller mehr wissen, als der Mond und die Einöde mir verraten; ich schiebe mit meinem Stock die Sträucher beiseite, ich halte mich an den Ranken fest, die ich als Griffe benutze, und beuge mich über dieses Dunkel.

Und in diesem Augenblick höre ich, wie eine tiefe, brüchige Stimme hinter mir deutlich das Wort *Heidenloch* ausspricht.

Obwohl ich nur wenig Deutsch kann, kenne ich dieses Wort und weiß, was es bedeutet.

Ich drehe mich um.

Niemand auf der Heidefläche; der Wind weht, und der Mond scheint.

Nichts weiter.

Allein, mir scheint, daß da hinten am Wald, etwa dreißig Schritt entfernt, zwischen dem Mond und mir, etwas Dunkles aufragt, ein hohes Buschwerk, das ich bisher nicht bemerkt habe.

Ich glaube, mich getäuscht zu haben, und meine, wie alle, die in der Einsamkeit wandern, Erscheinungen zu sehen, und so mache ich mich wieder daran, den Rand der Grube zu erforschen.

Da erhebt sich die Stimme ein zweites Mal, und ich vernehme erneut hinter mir die drei fremdartigen Silben: *Heidenloch*.

dalles miné par les pluies, et sur les quatre parois une puissante maçonnerie de pierres énormes, devenue informe et hideuse sous les herbes et les mousses.

Il me semblait voir sur le pavé quelques sculptures frustes mêlées à des décombres, et parmi ces décombres, un gros bloc arrondi, grossièrement évasé, percé à son milieu d'un petit trou carré, qui pouvait être un autel celtique ou un chapiteau du sixième siècle.

Du reste aucun degré pour descendre dans l'excavation.

Ce n'était peut-être qu'une simple citerne, mais je vous assure que l'heure, le lieu, la lune, les ronces et les choses confuses entrevues au fond, donnaient je ne sais quoi de formidable et de sauvage à cette mystérieuse chambre sans escalier, enfoncée dans la terre, avec le ciel pour plafond.

Qu'était-ce que cette fosse singulière ? Vous me connaissez, je m'obstine, je cherche, je veux en savoir sur cette cave plus que la lune et le désert ne m'en disent ; j'écarte les ronces avec ma canne, je m'accroche à des sarments que je prends à poignées, et je me penche sur cette ombre.

En ce moment-là j'entends une voix grave et cassée prononcer distinctement derrière moi ce mot : *Heidenloch*.

Dans le peu d'allemand que je sais, je sais ce mot. Il signifie : *trou des Païens*.

Je me retourne.

Personne dans la bruyère ; le vent qui souffle et la lune qui éclaire.

Rien de plus.

Seulement il me semble qu'il y a là, du côté de la forêt, à une trentaine de pas, entre la lune et moi, une masse d'ombre, une haute broussaille que je n'ai pas encore remarquée.

Je crois m'être trompé, et que, comme tous ceux qui se promènent dans les solitudes, je deviens un peu visionnaire, et je me remets à explorer le bord de la fosse.

Ici la voix s'élève une seconde fois, et j'entends de nouveau derrière moi les trois syllabes étranges : *Heidenloch*.

Ruckartig wende ich mich um und frage meinerseits laut: „Wer ist da?"

In diesem Moment glaube ich – nicht ohne ein ungewolltes Erschauern, wie ich gestehe –, das hohe Buschwerk habe sich um einige Schritte genähert.

Ich wiederhole: „Wer ist da?" Und als ich entschlossen darauf zugehen will, sehe ich, daß es mir entgegenkommt, und zum drittenmal höre ich die altersschwache Stimme sagen: *Heidenloch*.

An einsam gelegenen Orten und zu so wunderlichen Nachtstunden ist der Mensch für Aberglauben empfänglich, und ich muß zugeben, daß mir alle Sagen vom Rhein und vom Neckar einzufallen begannen und mir wie eine Rauchwolke in den Kopf stiegen, als der übernatürliche Busch sich auf einmal umdrehte. Was vorher im Schatten gelegen hatte, war nun dem Mond zugewandt, und ich erblickte eine kleine Alte, die bis zum Kinn über einen Knotenstock gebückt war und unter einem großen Reisigbündel nahezu verschwand, das sie an allen Seiten überragte, hinter ihr den Boden fegte und auf höchst phantastische Weise über ihrem Kopf schwankte. Sie sah mich mit ihren grauen Augen an und wiederholte: *Heidenloch! Heidenloch!*

Man hätte sie für eine alte Waldnymphe halten können, die, von den Holzfällern verjagt, ihren Baum auf ihrem Rücken davontrug.

Aber sie war nur eine arme brave Frau, die im Wald Reisig gesammelt hatte, dann einen Fremden bemerkte, dem sie eine Auskunft geben wollte, und die nun im Mondschein mit ihrem Bündel über den Pfad der Riesen in ihre Hütte zurückkehrte.

Ich dankte ihr mit ein paar Kreuzern, wobei ich sie voller Bewunderung betrachtete. In meinem ganzen Leben hatte ich noch keine kleinere alte Frau unter einer riesigeren Last gesehen.

Mit einem dankbaren Brummen schnitt sie mir eine abscheulich anmutige Grimasse, die vor fünfzig Jahren ein frisches und charmantes Lächeln gewesen sein mochte. Dann kehrte sie mir den Rücken zu, das heißt das Reisigbündel, und nach wenigen Minuten hatte sie den Berghang erreicht, wo sie in der Erde versank und wie eine Erscheinung verschwand. Ihre Erklärung erklärte übrigens

Pour le coup, je me retourne vivement, et à mon tour je dis à voix haute : *Qui est là ?*

En cet instant je crois remarquer, non sans quelque frisson involontaire, je vous l'avoue, que la haute broussaille s'est rapprochée de quelques pas.

Je répète : *Qui est là ?* et, au moment où j'allais marcher résolument à elle, je la vois qui vient à moi, et j'en entends sortir pour la troisième fois la voix décrépite qui dit : *Heidenloch.*

Dans ces lieux déserts, à ces heures bizarres de la nuit, on est tendre aux superstitions, et je vous déclare que toutes les légendes du Rhin et du Neckar commençaient à me revenir à l'esprit, et me montaient au cerveau comme une fumée, lorsque le buisson surnaturel se retourna. Alors ce qui était dans l'ombre fit face à la lune, et j'aperçus une petite vieille courbée jusqu'au menton sur un bâton à gros nœuds, presque enfouie sous un grand tas de branchages qui la débordait de tous côtés, balayant la terre derrière elle et se balançant au-dessus de sa tête de la manière la plus fantastique. Elle me regardait avec ses yeux gris en répétant : *Heidenloch ! Heidenloch !*

On eût dit une vieille dryade chassée par les bûcherons, emportant son arbre sur son dos.

C'était tout simplement une pauvre bonne femme qui revenait de couper des broussailles dans la forêt, qui avait aperçu un étranger, et qui lui avait donné un renseignement, et qui maintenant regagnait sa chaumière au clair de la lune, traînant son fagot par le sentier des géants.

Je l'ai remerciée par quelques kreutzers, tout en la considérant avec admiration. Je n'ai vu de ma vie une plus petite vieille sous un plus énorme fagot.

Elle m'adressa, avec un grognement reconnaissant, une affreuse grimace gracieuse, qui était il y a cinquante ans un frais et charmant sourire. Puis elle me tourna le dos, c'est-à-dire la broussaille ; et, au bout de quelques minutes, arrivée à la pente du mont, elle s'enfonça dans la terre, et s'évanouit comme une apparition. Son explication,

Bild 11 / fig. 11
[Charles de Graimberg: Das Heidenloch (Heiligenberg)]
Victor Hugo:
« Qu'était-ce que cette fosse singulière? »
„Was war das für eine eigenartige Grube?"

Bild 12 / fig. 12
[Souvenir du Neckar]
« Il y a [...] à deux milles de Heidelberg, une ravissante vallée, vallée
d'archéologue et vallée de rêveur. »
„[Es] gibt zwei Meilen von Heidelberg entfernt ein zauberhaftes Tal,
ein Tal für Archäologen und Träumer."

nichts. Es war ein schauriges Wort, mit dem ein schauriger Gegenstand belegt wurde. Das war alles.

Ich gebe zu, daß ich eine ganze Weile an diesem Ort geblieben bin und das Heidenloch betrachtet habe, das vielleicht das offene und leere Grab eines Riesen ist, vielleicht auch ein Druidenzimmer oder der Schacht eines Römerlagers, oder aber das Sammelbecken für Regenwasser eines verschwundenen byzantinischen Klosters, der häßliche Beinkeller eines zerstörten Galgens; die schweigenden Wände sind möglicherweise mit Menschenblut getränkt, mit Skeletten überhäuft oder vom Sabbattanz erschüttert worden, der um die Gruft vollführt wurde; und nun ist es ein finsteres Loch, in das der Mond heute einen bleichen Strahl und eine alte Frau ein dunkles Wort wirft.

Als ich den Berg wieder hinabstieg, bemerkte ich zwischen den Bäumen auf einem benachbarten Gipfel eine Turmruine, die vermutlich mit der Grube in Zusammenhang steht und deren Bedeutung inzwischen vergessen ist.

Übrigens haben die Heiden, das heißt die Sikambrer, wie die einen sagen, die Römer, wie andere behaupten, in den volkstümlichen Überlieferungen tiefe Spuren hinterlassen, die sich hier überall mit der Geschichte vermischen und sie überlagern. In Lorch, am Eingang des Wispertals, gibt es ein weiteres *Heidenloch*. In Winkel am Rhein, dem alten Vinicella, gibt es eine *Heidengasse* und in Wiesbaden, dem ehemaligen Visibadum, eine *Heidenmauer*.

Zu diesen heidnischen Überresten möchte ich nicht jene Art Brückenjoch rechnen, dessen efeuumwachsenes Endstück in den Berg hinter Kaub, ungefähr eine Meile von Gutenfels entfernt, gerammt ist und das die Bauern *Heidenbrücke* nennen; denn es erscheint mir offensichtlich, daß dies die Ruine einer Brücke ist, welche die Schweden im Dreißigjährigen Krieg gebaut haben. Im übrigen täuscht sich die Überlieferung nicht allzu sehr. Dieser Gustav-Adolf war nahezu ein Scipio, und was er im 17. Jahrhundert am Rhein geführt hat, war der große klassische Krieg, der römische Krieg. Die gleichen Strategien, von denen Polybius im Punischen Krieg berichtet, stellt Folard im Dreißigjährigen Krieg fest.

du reste, n'expliquait rien. C'était un mot lugubre ajouté à une chose lugubre. Voilà tout.

Je vous avoue que je suis resté longtemps à cette place, regardant le trou des Païens, qui est peut-être la tombe ouverte et vide d'un géant, peut-être une chambre druidique, peut-être le puisard d'un camp romain ou le réservoir pluvial de quelque couvent byzantin disparu, ou la hideuse cave sépulcrale d'un gibet démoli ; dont les parois silencieuses ont peut-être été arrosées de sang humain, ou comblées de squelettes, ou assourdies par la danse du sabbat tournant autour de l'ossuaire ; fosse pleine de ténèbres, dans laquelle la lune jette aujourd'hui un rayon livide, et une vieille femme un mot sinistre.

Quand je redescendis de la montagne, j'aperçus dans les arbres, sur un sommet voisin, une tour en ruine à laquelle se rattache sans doute l'excavation dont la signification est perdue aujourd'hui.

Au reste, les païens, c'est-à-dire les Sicambres, selon les uns, et les Romains, selon les autres, ont laissé des traces profondes dans les traditions populaires qui se mêlent ici partout à l'histoire et l'encombrent. À Lorch, à l'entrée du Wisperthal, il y a un autre *trou des Païens* aussi nommé Heidenloch. À Winkel, sur le Rhin, l'ancienne Vinicella, il y a la *rue des Païens,* Heidengass ; et à Wiesbade, l'ancien Visibadum, il y a le *mur des Païens,* Heidenmauer.

Je ne compte pas dans ces vestiges païens une espèce d'arche dont le tronçon, couvert de lierre, croule dans la montagne derrière Caub, à une lieue environ de Gutenfels, et que les paysans appellent le *pont des Païens,* Heidenbrukke, parce qu'il me paraît évident que c'est la ruine d'un pont bâti là par les Suédois pendant la guerre de Trente Ans. Au reste, la tradition ne se trompe pas beaucoup. C'est presque un Scipion que ce Gustave-Adolphe ; et ce qu'il vient faire sur le Rhin au dix-septième siècle, c'est la grande guerre classique, la guerre romaine. Les mêmes stratégies que Polybe raconte dans la guerre punique, Folard les retrouve et les constate dans la guerre de Trente Ans.

Dies also sind die Abenteuer meiner Spaziergänge, mein lieber Louis, und es wundert mich wirklich nicht, daß Sagen und Legenden überall in einem Land aufkeimen konnten, in dem nachts Büsche wandeln und das Wort an den Wanderer richten.

Vor kurzem hatte ich abends in der Dämmerung einen hohen, schwarzen und kahlen Bergrücken vor mir, der den ganzen Horizont ausfüllte und auf seinem Gipfel von einer dicken Turmruine überragt wurde, welche allein stand wie die Maximiliantürme im Linzer Becken.[5] Vier große verfallene, schartige und von der Zeit in Dreiecke verwandelte Zinnen schlossen die dunkle Silhouette des Turms ab und krönten ihn mit einer spitzen Kreuzblume. Bauern, die gegenwärtigen Bewohner dieses Gemäuers, hatten in seinem Innern ein riesiges Reisigfeuer entfacht, dessen Flammen aus den einzigen drei Öffnungen der Ruine drangen: einer rundbogigen Pforte unten und zwei Fenstern oben. In dieser Beleuchtung war dies kein Turm mehr, sondern der schwarze und ungeheuerliche Kopf eines erschreckenden Pluto, der sein flammenspeiendes Maul aufreißt und mit seinen Glutaugen über den Hügel schaut.

In diesen Abendstunden, wenn die Sonne untergegangen ist und der Mond noch nicht am Himmel steht, kann man auf Täler stoßen, die den Eindruck erwecken, als seien sie mit merkwürdigen Trümmern zugeschüttet; das ist der Augenblick, da die Felsen wie Ruinen aussehen und die Ruinen wie Felsen.

Manchmal obsiegt der Poet, der in mir steckt, über den Altertumsforscher, der ich auch bin, und dann begnüge ich mich mit diesen Visionen.

Manchmal kehre ich am nächsten Tag bei Licht zurück; ich untersuche das Gemäuer Schritt für Schritt und versuche, das Alter anhand der Pechnasen, der Form des Zahnschnitts oder der Breite der Spitzbögen festzustellen.

In dieser Art gibt es zwei Meilen von Heidelberg entfernt ein zauberhaftes Tal, ein Tal für Archäologen und Träumer. Vier alte Schlösser auf vier Felskuppen wie vier Geier, die sich ansehen; vor

---

[5] Eine mögliche Erklärung für *les tours maximiliennes de la vallée de Luiz.*

Voilà, cher Louis, les aventures de mes promenades, et je ne m'étonne pas vraiment que les contes et les légendes aient germé de toutes parts dans un pays où les buissons se promènent la nuit et adressent la parole aux passants.

L'autre soir, au crépuscule, j'avais devant moi une haute croupe noire et pelée, emplissant tout l'horizon et surmontée à son sommet d'une grosse tour en ruine, isolée comme les tours maximiliennes de la vallée de Luiz. Quatre grands créneaux, usés, ébréchés et changés en triangles par le temps, complétaient la sombre silhouette de la tour, et lui faisaient une couronne de fleurons aigus. Des paysans, habitants actuels de cette masure, y avaient allumé dans l'intérieur un immense feu de fagots dont le flamboiement apparaissait au-dehors aux trois seules ouvertures qu'eût la ruine : une porte cintrée en bas, deux fenêtres en haut. Ainsi éclairée, ce n'était plus une tour, c'était la tête noire et monstrueuse d'un effrayant Pluton ouvrant sa gueule pleine de feu et regardant par-dessus la colline avec ses yeux de braise.

À ces heures-là, quand le soleil est couché, quand la lune n'est pas levée encore, on rencontre des vallées qui semblent encombrées d'écroulements étranges ; c'est le moment où les rochers ressemblent à des ruines et les ruines à des rochers.

Quelquefois l'espèce de poète qui est en moi triomphe de l'espèce d'antiquaire qui y est aussi, et je me contente de ces visions.

Quelquefois je reviens le lendemain, au jour ; j'explore la masure pas à pas, et je tâche d'en constater l'âge par la saillie des mâchicoulis, la forme des denticules ou l'écartement des ogives.

Il y a dans ce genre, à deux milles de Heidelberg, une ravissante vallée, vallée d'archéologue et vallée de rêveur. Quatre vieux châteaux sur quatre bosses de rochers comme quatre vautours qui se

den vier Bergfrieden scheint sich eine kleine alte Stadt voller Entsetzen auf den Gipfel eines konischen Bergs geflüchtet zu haben, wo sie sich hinter ihre Mauern duckt und seit sechs Jahrhunderten beobachtet, was die Burgen im Schilde führen. Der Neckar scheint Partei für die Stadt ergriffen zu haben, denn er umschließt den Berg der Bürger mit seinem starken Arm. Alte Wälder, die zu dieser Zeit in allen Goldtönen des Herbstes schimmern, neigen sich von allen Seiten über dieses Tal wie in Erwartung eines Kampfes. Zwischen Eichen- und Kastanienhainen gibt es große Kiefernbestände, in denen Eulen und Eichhörnchen nisten. Zu gewissen Stunden ist das Ganze keine Landschaft mehr, sondern eine Bühne, und man wartet auf den Moment, da die Schauspieler, die Stadt und die Burgen, dieses Gewimmel von Zwergen und diese vier steinernen Riesen, wieder lebendig werden und mit ihrem Auftritt beginnen.

Dieser bewundernswerte Ort heißt Neckarsteinach.

Aus einem der vier Bergfriede hat man einen Bauernhof gemacht, aus dem zweiten ein Sommerhaus. Die beiden anderen, die völlig verfallen, zerstört oder verlassen sind, haben mich besonders interessiert und mehrmals zur Rückkehr bewogen.

Der eine hieß im 12. Jahrhundert und heißt heute noch *Schwalbennest*, weil er aufragt, als sei er von einer riesigen Schwalbe auf einem Felssockel an die Wand eines großen Sandsteinberges gebaut worden.

Zu Zeiten Rudolfs von Habsburg war dies der Herrensitz eines schrecklichen Edelmanns und Raubritters, den man Bligger die Geißel nannte. Das ganze Tal von Heilbronn bis Heidelberg war die Beute dieses Sperbers mit Menschengesicht.

Wie alle seinesgleichen wurde er vor den Reichstag befohlen. Bligger ging nicht hin.

Der Kaiser belegte ihn mit dem Reichsbann. Bligger lachte nur darüber.

Der Rheinische Bund entsandte seine besten Truppen und seine besten Heerführer, um das Schwalbennest zu belagern. Nach drei Ausfällen hatte die Geißel die Belagerer niedergemacht.

Dieser Bligger war ein Krieger von gewaltiger Gestalt, der mit dem Arm eines Schmieds zuschlug.

regardent ; entre ces quatre donjons une pauvre vieille ville semble s'être réfugiée avec épouvante au sommet d'une montagne conique, où elle se pelotonne dans ses murailles, et d'où elle observe depuis six cents ans l'attitude formidable des châteaux. Le Neckar semble avoir pris fait et cause pour la ville, et il entoure la montagne des bourgeois de son bras d'acier. De vieilles forêts, à cette heure chamarrées de toutes les dorures de l'automne, se penchent de toutes parts sur cette vallée comme dans l'attente d'un combat. Il y a là, parmi les chênaies et les châtaigneraies, de ces grands bois de pins habités par les hiboux et les écureuils. À de certaines heures cet ensemble n'est pas un paysage, c'est une scène, et l'on attend l'heure où les acteurs, cette ville et ces châteaux, cette fourmilière de nains et ces quatre géants pétrifiés, vont reprendre vie et commencer.

Cet admirable lieu s'appelle Neckarsteinach.

De l'un de ces quatre donjons on a fait une métairie, d'un deuxième une maison de plaisance. Les deux autres, qui sont complètement ruinés, dévastés et déserts, m'ont surtout intéressé et fait revenir plusieurs fois.

L'un s'appelait au douzième siècle et s'appelle encore aujourd'hui *Schwalbennest,* ce qui veut dire *le nid d'hirondelle.* Il est en effet posé en saillie et maçonné, comme par une hirondelle gigantesque, sur une console de rocher, dans la voussure d'un énorme mont de grès rouge.

C'était, du temps de Rodolphe de Habsburg, le manoir d'un effroyable gentilhomme-bandit qu'on nommait Bligger le Fléau. Toute la vallée, de Heilbronn à Heidelberg, était la proie de cet épervier à face humaine.

Comme tous ses pareils, la diète le manda. Bligger n'y alla point.

L'empereur le mit au ban de l'empire. Bligger n'en fit que rire.

La ligue des cent villes envoya ses meilleures troupes et son meilleur capitaine assiéger le Nid-d'Hirondelle. En trois sorties le Fléau extermina les assiégeants.

Ce Bligger était un combattant de stature colossale et qui frappait avec un bras de forgeron.

Schließlich exkommunizierte der Papst ihn samt all seinen Anhängern.

Als Bligger hörte, wie am Fuße seiner Burgmauer einer der Herolde des Heiligen Römischen Reiches die Exkommunikationsbulle verlas, zuckte er nur mit den Schultern.

Als er am nächsten Morgen erwachte, fand er seine Burg verödet, das Tor und die Ausfallpforte zugemauert. All seine Waffenträger hatten im Schutz der Nacht die verfluchte Zitadelle verlassen und die Ausgänge zugemauert.

Einer von ihnen, der sich auf einem Bergfelsen versteckt hatte, von wo aus er das Schloßinnere beobachten konnte, sah Bligger die Geißel den Kopf senken und langsam in seinem Hof auf und ab marschieren. Er betrat keinen Augenblick den Bergfried, sondern ging allein bis zum Abend hin und her und ließ die Fliesen unter seinen eisernen Absätzen erschallen.

Als die Sonne hinter den Hügeln von Neckargemünd versank, schlug der gefürchtete Burggraf der Länge nach auf das Pflaster.

Er war tot.

Sein Sohn konnte die Familie nur vom Kirchenbann befreien, indem er das Kreuz nahm und aus dem Heiligen Land den Kopf des Sultans mitbrachte, der noch heute im Wappenschild eines steinernen Ritters prangt, der Ulrich Landschad hieß, der Sohn Bliggers war und nun auf einem Grabmal in der Kirche von Steinach liegt.

Dieses Adelsgeschlecht ist heute erloschen.

Ist das nicht eine schöne Geschichte, lieber Louis, verdient sie nicht ebenso erzählt zu werden, wie die Geschichten von den großen Schlachten und den Hochzeiten der Könige? Man muß so etwas allerdings unmittelbar in der volkstümlichen Überlieferung aufgreifen. Die Historiker verachten solche Einzelheiten. Für sie sind sie klein und unbedeutend, ich finde sie groß und bedeutend. „Das sind Ammenmärchen", versichern sie uns, aber gibt es etwas Großartigeres und Schrecklicheres als Ammenmärchen? Mir erscheint Homer so erhaben, daß ich die *Ilias* zu den Ammenmärchen zähle.

Zu diesem Thema macht George Buchanan, den ich vor einigen Tagen in der Heidelberger Universitätsbibliothek durchgeblättert

Enfin le pape l'excommunia, lui et tous ses adhérents.

Quand Bligger entendit lire, au pied de sa muraille, par un des bannerets du Saint-Empire, la sentence d'excommunication, il haussa les épaules.

Le lendemain, à son réveil, il trouva son burg désert et la porte et la poterne murées. Tous ses hommes d'armes avaient quitté pendant la nuit la citadelle maudite et en avaient muré les issues.

Alors l'un d'eux, qui s'était caché dans la montagne, sur un rocher d'où le regard plongeait dans l'intérieur du château, vit Bligger le Fléau baisser la tête et marcher à pas lents dans sa cour. Il ne rentra pas un instant dans le donjon, et marcha ainsi jusqu'au soir, seul et faisant sonner les dalles sous son talon d'acier.

Au moment où le soleil se couchait derrière les collines de Neckargemund, le formidable burgrave tomba tout de son long sur le pavé.

Il était mort.

Son fils ne put relever sa famille de l'excommunication qu'en se croisant et en rapportant de la Terre Sainte la tête du sultan, laquelle figure encore aujourd'hui au milieu de l'écu d'un chevalier de pierre, qui s'appelle Ulrich Landschad, fils de Bligger, et qui dort étendu sur un tombeau dans l'église de Steinach.

Cette famille est aujourd'hui éteinte.

Est-ce que ce n'est pas une belle histoire, Louis, et qui vaut tout aussi bien la peine d'être racontée que les grandes batailles et les mariages des rois ? Il faut pourtant ramasser cela dans la mémoire du peuple. Les historiens dédaignent ces détails. Ils disent que c'est petit ; moi, je déclare que c'est grand. Ce sont des contes de bonne femme, ajoutent-ils ; mais est-ce que vous connaissez rien de plus magnifique et de plus terrible que les contes de bonnes femmes ? Quant à moi, Homère me paraît si sublime que je range *l'Iliade* parmi les contes de bonnes femmes.

À ce sujet, Buchanan, que je feuilletais ces jours-ci dans la bibliothèque de Heidelberg, fait un aveu naïf. Voici ce qu'il écrit à propos

habe, ein naives Geständnis. So schreibt er folgendes über Macbeth: *Multa hic fabulose affingunt; sed quia theatris aut fabulis milesiis sunt aptiora quam historiae, ea ommitto.*

Was Buchanan da weglassen, in Klammern setzen will, darin besteht Shakespeare.

Das Volk täuscht sich übrigens in solchen Dingen nicht. Es liebt das Großartige, und es liebt die Märchen. Es überhöht sogar gern seine Sagengestalten und hebt sie, durch Aufplustern einzelner Züge, auf die Ebene der großen Gestalten der Geschichte. Die Chronik schreckt ebensowenig wie die Geschichtsschreibung davor zurück, die ganze Natur auf den Kopf zu stellen, wenn einer ihrer Helden auf den Sockel gehoben werden soll. Als der schottische Laird Dunwald im Schloß zu Fores den König Duff erschlug, geschah ein Wunder, und die Sonne verfinsterte sich wie bei Cäsars Tod.

So lange diese großen Ereignisse von Chronisten wie Hector Boethius oder Edward Hall berichtet werden, handelt es sich nicht um Geschichte, sondern um Legenden. Sobald die Berichterstatter Homer, Vergil oder Shakespeare heißen, werden Epen daraus.

Das *Schwalbennest* bietet noch heute einen stolzen und finsteren Anblick. Es hat einen eckigen Bergfried, dessen zum Tal weisende Ecken hinter zwei runden Türmchen mit Pechnasen verschwinden; eine doppelte, von Efeu überrankte Umwallung umgibt ihn, und dieser ganze Block hängt, wie ich erwähnt habe, an einem Berghang, so daß er fast über den Neckar ragt.

Ich bin den einst so gefürchteten Pfad hinaufgeklettert, auf den aus den Pechnasen kochendes Öl, brennendes Pech und geschmolzenes Blei hinuntergeschüttet wurde. Ich bin durch die Ausfallpforte und das Tor hineingegangen, die man zugemauert hatte und die heute breite Öffnungen bilden und jedem Zutritt gewähren; und mit einem Nagel habe ich folgende Zeilen auf einen Stein des Türrahmens geritzt: *Wenn sich die Grabtür über einer Familie geschlossen hat, um sich nie wieder zu öffnen, öffnet sich die Haustür, um sich nie wieder zu schließen.*

Das Innere der Burg bietet einen schauerlichen Anblick. Baumwurzeln reißen hier und da das alte Pflaster aus dem 12. Jahrhun-

de Macbeth : *Malta hic fabulose affingunt ; sed, quia theatris aut fabulis milesiis sunt aptiora quam historiæ, ea omitto.* Ce que Buchanan met ainsi entre deux parenthèses, c'est Shakspeare.

Le peuple d'ailleurs ne s'y méprend pas. Il aime le grand, et il aime les contes. Il exagère même volontiers les personnages de ses légendes, et les place, par le grossissement auguste des détails, au niveau des grands hommes historiques. La chronique ne se gêne pas plus que l'histoire pour bouleverser toute la nature quand il s'agit de solenniser un de ses héros. Lorsque le laird écossais Dunwald assassina, dans le château de Fores, le roi Duff il y eut des prodiges, et le soleil se voila comme à la mort de César.

Tant que les narrateurs de ces grandes choses s'appellent Hector Boëce ou Hailes's, ce n'est pas de l'histoire, ce sont des contes. Le jour où ils se nomment Homère, Virgile ou Shakspeare, c'est plus que de l'histoire, c'est de l'épopée.

Le *Schwalbennest* a encore aujourd'hui une fière et sombre mine. C'est un donjon carré dont les deux angles tournés vers la vallée disparaissent et s'absorbent sous des tourelles rondes à mâchicoulis ; une double circonvallation couverte de lierre l'enveloppe, et tout ce bloc pend, comme je vous l'ai dit, accroché au flanc d'une montagne presque en surplomb sur le Neckar.

J'ai escaladé le sentier, jadis si redoutable, où ont ruisselé l'huile bouillante, la poix allumée et le plomb fondu des mâchicoulis. Je suis entré par cette poterne et par cette porte qui ont été murées, aujourd'hui larges crevasses qui livrent passage au premier venu, et avec un clou j'ai gravé ces trois lignes sur une pierre du chambranle de la porte : *Quand la porte du tombeau s'est fermée sur une famille pour ne plus s'ouvrir, la porte de la maison s'ouvre pour ne plus se fermer*

L'intérieur du burg est d'un aspect lugubre. Des racines d'arbres soulèvent çà et là ce vieux dallage du douzième siècle où a résonné

dert auf, wo die gewaltige Rüstung Bliggers widerhallte, als der Burggraf tot auf die Steine fiel. Aus dem Berg quillt Tropfen für Tropfen Quellwasser in die halbvolle Zisterne. Blühende wilde Erdbeeren breiten sich zwischen den Fliesen aus. Die Mauersteine, vom Regen gepeitscht und vom Mondschein ausgewittert, sind mit tausend Löchern durchsetzt, in denen die Schmetterlingslarven im Dunkeln ihren Kokon spinnen. Kein menschlicher Schritt hallt durch dieses Gemäuer. An den unerreichbaren Fenstern des Bergfrieds erscheinen scheue Schloßherrinnen: Farnkräuter, die mit ihren Fächern winken, und Schierlingspflanzen, die ihren Sonnenschirm neigen. Die große Halle, deren Decke und das Dach darüber eingestürzt sind, ist noch königlich mit dreizehn Fenstern geschmückt, die weit zum Tal offenstehen. Als ich dort war, gab eines von ihnen in der untergehenden Sonne den Rahmen ab für einen herrlichen Claude Lorrain.

Der andere Bergfried hat keinen Namen, keine Geschichte, sozusagen kein Datum, er hat fast keine Form mehr und wirkt dennoch ungeheurer als das Schwalbennest.

Wenn man für einen Augenblick den eckigen Turm vergißt, der noch heute die Burg überragt, ist es kein Bergfried mehr, auch keine Ruine, noch nicht einmal eine ärmliche Hütte, es ist kein Gebäude mehr mit einer menschlichen Gestalt (denn der Mensch prägt dem Gebäude seine Gestalt auf); sondern es ist ein Block, ein ausgehöhlter Klumpen, ein wie Lungengewebe durchlöcherter Felsen, eine riesige Schwammkoralle; und dies alles wird von der Vegetation, diesem schrecklichen Polypen, mit all seinen Antennen, all seinen Füßen, seinen Fingern, all seinen Hälsen, seinen Tentakeln, seinen Rüsseln und seinen Haaren durchdrungen und mit einem undurchdringlichen Gewirr ausgefüllt.

Ich bin dort nur mit Mühe eingedrungen und habe in dem Strauchwerk einen Lärm gemacht wie ein wildes Tier.

Diese Burg ist zwei Jahrhunderte älter als das Schwalbennest. Der eckige Turm hat bloß eine Öffnung, eine Tür aus dem 9. Jahrhundert, unter der in etwa vierzig Fuß Höhe noch die beiden Tragsteine mit Rundkanten hervorragen, die die Zugbrücke gehalten haben. Die im Dunkeln liegenden verzierten Schwibbögen die-

la colossale armure de Bligger quand le burgrave tomba roide mort sur le pavé. La montagne, pleine de sources, continue de suinter goutte à goutte dans la citerne à demi comblée. Les fraisiers en fleurs s'épanouissent entre les dalles. Les pierres des murs, fouettées par la pluie et rongées par la lune, sont piquées de mille trous où des larves de papillons-spectres filent dans l'ombre leur cocon. Aucun pas humain dans cette demeure. Aux fenêtres inaccessibles du donjon apparaissent des châtelaines sauvages, les fougères, qui y agitent leur éventail, et les ciguës, qui y penchent leur parasol. La grande salle, dont le toit et les plafonds se sont effondrés, est encore royalement décorée par treize croisées toutes grandes ouvertes sur la vallée. Au moment où j'y étais le soleil couchant encadrait dans l'une d'elles un Claude Lorrain magnifique.

L'autre donjon n'a pas de nom, n'a pas d'histoire, n'a pas de date pour ainsi dire, n'a presque plus de forme, et est beaucoup plus formidable encore que le Nid-d'Hirondelle.

Si l'on oublie un instant la tour carrée qui le domine encore, ce n'est plus un donjon, ce n'est plus une ruine, ce n'est plus une masure, ce n'est plus un édifice ayant forme humaine (car l'homme imprime la forme à l'édifice) ; c'est un bloc, une masse caverneuse, un rocher percé comme un poumon de trous et de caecums ; c'est un énorme madrépore que pénètre et que remplit inextricablement de toutes ses antennes, de tous ses pieds, de tous ses doigts, de tous ses cous, de toutes ses spirales, de tous ses becs, de toutes ses trompes, de toutes ses chevelures, la végétation, ce polype effrayant.

Je suis entré là avec beaucoup de peine, en faisant dans les broussailles un bruit de bête fauve.

Ce burg est plus ancien de deux siècles que le *Schwalbennest*. La tour carrée n'a qu'une baie, une porte du neuvième siècle, au-dessous de laquelle sortent encore des murs, à une hauteur d'environ quarante pieds, les deux consoles à ourlet diamanté qui soutenaient

ses unerreichbaren Eingangs sind so rein, als sei der Stein gestern erst geschnitten worden.

Das einzige, was neben dem eckigen Turm noch Konturen hat, ist ein dicker runder Turm, von dem drei Viertel fehlen und der einst eine Mauerecke flankierte, wie ich beim Aufstieg bemerkt habe. Nachdem ich mich einmal in die höhlenartigen Irrgänge des verfallenen Schlosses begeben hatte, fiel es mir etwas schwer, ihn wiederzufinden. Endlich entdeckte ich zwischen zwei Dornensträuchern die schmale Öffnung eines Ganges. Ich glitt hinein und kam so zu einer eigenartigen kleinen Kreuzung; es waren vier längliche niedrig gewölbte Zellen, die in vier verschiedene Richtungen des Tals wiesen und jeweils mit einer Schießscharte abschlossen und alle vom Ende des Korridors, in dem ich mich befand, wegführten. Stellen Sie sich das Innere einer Form vor, in der man die Klaue eines Riesenadlers gießen wollte. Diese vier Zellen waren für kleine Kanonen oder Falkonetten bestimmt. Von meinem Standpunkt aus konnte der Burggraf gleichzeitig rechts von sich durch die erste Schießscharte den Berghang überblicken, durch die zweite, ihm gegenüber, das Schwalbennest, durch die dritte die Stadt auf dem Hügel und durch die vierte zu seiner Linken die beiden anderen Schlösser dieses Tals. Diese Adlerklaue, deren Krallen vier Kriegsmaschinen bildeten, befand sich innerhalb des runden Turms.

Zwischen diesen vier Zellen war alles aus zementiertem Granit und massivem Mauerwerk. Ich habe das Schwalbennest gezeichnet, wie man es durch die Schießscharte sieht.

Im Frühling muß diese Ruine, in einen üppigen Blumenstrauß verwandelt, ein bezaubernder Ort sein.

Ansonsten weiß niemand etwas über diese Burg. Sie hat nicht einmal ihre Sage oder ihr Gespenst. Die Generationen von Menschen, die sie bewohnt haben, sind eine nach der anderen dort eingetreten wie in eine unergründliche Höhle, und keiner ihrer Schatten ist je wieder aus ihr aufgetaucht.

Da ich bei Sonnenuntergang dort eingetroffen war, hatte sich während meines Aufenthalts die Nacht herabgesenkt. Darauf füllte sich dieses Strauch-Gemäuer allmählich mit einem seltsamen Geräusch. Mein lieber Louis, sollte Ihnen jemals jemand von der

le pont-levis. L'archivolte pleine d'ombre de cette entrée inaccessible est aussi pure que si la pierre était coupée d'hier.

La seule chose, avec la tour carrée, qui ait encore une forme, c'est une grosse tour ronde, aux trois quarts rasée, qui flanquait un des angles du mur, et que j'ai aperçue en montant. Une fois engagé dans les antres dédaléens du château écroulé, j'ai eu quelque peine à la retrouver. Enfin j'ai avisé entre deux touffes de ronces l'embouchure étroite d'un couloir. Je m'y suis glissé, et je suis parvenu ainsi dans un petit carrefour singulier c'étaient quatre cellules oblongues, voûtées, basses, rayonnant vers quatre points différents de la vallée, terminées chacune par une meurtrière, et partant toutes les quatre de l'extrémité du corridor où j'étais entré. Figurez-vous le dedans du moule où l'on aurait fondu le pied d'un aigle colossal. Ces quatre cellules étaient des embrasures d'onagres ou de fauconneaux. Du point où j'étais le burgrave pouvait voir à la fois, par la première meurtrière, à sa droite, le revers de la montagne ; par la seconde, en face de lui, le *Schwalbennest* ; par la troisième, la ville groupée sur la colline ; et, par la quatrième, à sa gauche, les deux autres châteaux de la vallée. Cette serre d'aigle, qui avait pour ongles quatre machines de guerre, était l'intérieur de la tour ronde.

Entre les quatre embrasures tout était granit cimenté et maçonnerie massive. J'ai dessiné le *Schwalbennest* vu par la meurtrière.

Au printemps cette ruine changée en un prodigieux bouquet de fleurs, doit être charmante.

Du reste, personne ne sait rien sur le burg. Il n'a même pas sa légende et son spectre. Les générations d'hommes qui l'ont habité y sont entrées tour à tour comme dans une caverne sans fond et l'ombre d'aucun n'en est ressortie.

Comme j'y étais arrivé au coucher du soleil, la nuit est venue pendant que j'y étais encore. Alors cette masure-broussaille s'est remplie d'un bruit étrange. Cher Louis, si jamais on vous parle du

nächtlichen Stille über Ruinen erzählen, so nehmen Sie bitte die namenlose Burg bei Neckarsteinach davon aus. In meinem Leben habe ich nie einen ähnlichen Lärm gehört. Sie kennen diesen wunderbaren Aufruhr, der sich im April bei Sonnenaufgang in einem Hochwald erhebt; von jedem Blatt steigt ein Klang auf, von jedem Baum eine Melodie; die Grasmücke zwitschert, die Ringeltaube gurrt, der Distelfink trällert, der Spatz, dieser fröhliche Pfeifer, tschilpt durch das Ganze lustig hindurch. Der Wald ist ein Orchester. All diese beflügelten Stimmen singen gleichzeitig und verbreiten auf den Hügeln und in den Ebenen die geheimnisvolle Symphonie des großen unsichtbaren Musikers. Auf der namenlosen Burg ist es in der Dämmerung ebenso, allerdings ins Schauerliche gewendet. Alle Schattenungeheuer erwachen und beginnen umherzukrabbeln. Die Fledermaus schlägt mit ihren Flügeln, die Spitzmaus[6] hämmert mit ihren Zähnchen an den Mauern, die Kröte läßt ihr abscheuliches Wimmern ertönen. Ich weiß nicht, welches giftige und düstere Leben zwischen den Steinen, Gräsern und Zweigen herumkriecht. Dumpfes Brummen, merkwürdiges Klopfen, Gekreisch, Rascheln unter den Blättern oder schwaches Stöhnen vernimmt man in unmittelbarer Nähe, unförmige Wesen stoßen unheimliche Laute aus, noch nie Gehörtes wird gemurmelt oder geschrien von etwas, das man nicht sieht. Hin und wieder dringen abscheuliche Schreie aus den zerstörten und verlassenen Räumen; es sind Waldkäuze, die wie Sterbende klagen. Dann wieder glaubt man, im Gebüsch Schritte zu hören; es sind trockene Zweige, die sich von selbst bewegen. Zwei glühende Kohlen, die aus irgendeinem Ofen gefallen sind, leuchten inmitten der Dornensträucher auf; es ist eine Eule, die einen anschaut.

Ich hatte es eilig wegzukommen, fühlte mich unbehaglich, wußte nicht, wie ich mit den Händen die Finsternis abtasten sollte und suchte mit der Stockspitze nach einem Weg durch die Steine. Ich versichere Ihnen, daß ich eine freudige Erregung empfand, als ich aus dem dunklen und undurchdringlichen Vegetationsgewölbe, das die Ruine einschließt und umhüllt, unter den tiefblauen, sternenbe-

---

[6] Gemeint ist wahrscheinlich *la musaraigne*, die Spitzmaus.

silence des ruines la nuit, exceptez, je vous prie, le burg sans nom de Neckarsteinach. Je n'ai de ma vie entendu vacarme pareil. Vous savez cet adorable tumulte qui éclate dans une futaie, en avril, au soleil levant ; de chaque feuille jaillit une note, de chaque arbre une mélodie ; la fauvette gazouille, le ramier roucoule, le chardonneret fredonne, le moineau, ce joyeux fifre, siffle gaiement à travers le tutti. Le bois est un orchestre. Toutes ces voix qui ont des ailes chantent à la fois et répandent sur les collines et les prairies la symphonie mystérieuse du grand musicien invisible. Dans le burg sans nom, au crépuscule, c'est la même chose, devenue horrible. Tous les monstres de l'ombre se réveillent et commencent à fourmiller. Le vespertilio bat de l'aile, l'araignée cogne le mur avec son marteau, le crapaud agite sa hideuse crécelle. Je ne sais quelle vie venimeuse et funèbre rampe entre les pierres, entre les herbes, entre les branches. Et puis, des grondements sourds, des frappements bizarres, des glapissements, des crépitations sous les feuilles, des soupirs faibles qu'on entend tout près de soi, des gémissements inconnus, les êtres difformes exhalant les bruits lugubres, ce qu'on n'entend jamais hurlé ou murmuré par ce qu'on ne voit jamais. Par moments des cris affreux sortent tout à coup des chambres démantelées et désertes ; ce sont les chats-huants qui se plaignent comme des mourants. Dans d'autres instants on croit entendre marcher dans le taillis à quelques pas de soi ; ce sont des branchages fatigués qui se déplacent d'eux-mêmes. Deux charbons ardents, tombés on ne sait de quelle fournaise, brillent dans l'ombre au milieu des ronces ; c'est une chouette qui vous regarde.

Je me suis hâté de m'en aller, assez mal à mon aise, ne sachant où poser mes mains dans les ténèbres et tâtonnant à travers les pierres du bout de ma canne. Je vous assure que j'ai eu un mouvement de joie lorsqu'au sortir de la sombre et impénétrable voûte de végétation qui ferme et enveloppe la ruine, le ciel bleu, vague, étoilé et

säten und strahlenden Himmel hinaustrat, der mir wie ein riesiges goldbetupftes Wasserbecken aus Lapislazuli zwischen zwei Bergen erschien.

Mir war, als verließe ich ein Grab und würde das Leben wieder erblicken.

Am Abend nach diesem Ausflug kehre ich in die Stadt zurück. Unterwegs begegne ich Gruppen von Studenten dieser großen Heidelberger Universität, edlen und ernsten jungen Männern, deren Gesicht bereits das Denken verrät. Die Straße führt am Neckar entlang. In der Ferne ertönt in bestimmten Abständen die Glocke des Klosters Neuburg. Die Hügel werfen ihre breiten Schatten auf den Fluß; das Wasser glitzert im Mondschein wie eine silbrige, vibrierende Folie; lange dunkle Barken schießen in Stromschnellen wie Pfeile vorbei; dann wieder sind weder Schiffe noch Passanten noch Häuser zu sehen; das Tal schweigt, der Strom ist verlassen, Felsriffe tauchen wie Krokodile in wildem Durcheinander zwischen den Wellen auf oder wie riesige Frösche, die an der Wasseroberfläche Atem holen.

Da ich gerade von Sonnenuntergängen, Dämmerungen und Mondschein spreche, muß ich Ihnen von meinem vorgestrigen Abend erzählen. Für mich sind, wie Sie wissen, diese erhabenen Anblicke nie das gleiche, und ich glaube nie, mir die Betrachtung des Himmels schenken zu können, weil ich ihn schon gestern bewundert habe. Also setze ich meine Plauderei fort.

Als der Tag sich neigte, bin ich durch einen schönen Kastanienhain über dem Heidelberger Schloß auf einen hohen Hügel gestiegen, der *Kleiner Gaisberg* genannt wird. Im 12. Jahrhundert stand dort eine Festung, die Konrad von Hohenstaufen errichten ließ, der Reichsgraf, Herzog der Franken und Schwager des Kaisers Barbarossa. Aus den Trümmern dieser Festung, die 1278 gleichzeitig mit der Stadt Heidelberg abgebrannt ist, haben die Schweden 1633 eine steinerne Schanze erbaut, und jetzt hat ein Bauer aus dieser Schanze Gustav-Adolfs eine Mauer um seinen Kartoffelacker gemacht.

Die Rheinebene sieht vom Kleinen Gaisberg aus wie das Meer von der Steilklippe von Bois-Rosé. Unendlich weit erstreckt sich

splendide m'est apparu comme une immense vasque de lapis-lazuli pailleté d'or, dans un écartement de montagnes.

Il me semblait que je sortais d'une tombe et que je revoyais la vie.

Le soir après ces expéditions, je regagne la ville. Je rencontre en chemin des groupes d'étudiants de cette grande université de Heidelberg, nobles et graves jeunes hommes dont le visage pense déjà. La route longe le Neckar. La cloche de l'abbaye de Neubourg tinte par intervalles dans le lointain. Les collines jettent leurs grandes ombres sur la rivière ; l'eau étincelle au clair de lune avec le frissonnement du paillon d'argent ; de longues barques sombres passent dans les rapides comme des flèches, ou bien il n'y a ni bateaux, ni passants, ni maisons, la vallée est muette, la rivière est déserte, et les rochers surgissent pêle-mêle au milieu des courants avec des formes de crocodiles et de grenouilles géantes qui viennent respirer le soir à fleur d'eau.

Puisque je suis en train de soleils couchants *(sic)*, de crépuscules et de clairs de lune, il faut que je vous raconte ma soirée d'avant-hier. Pour moi, vous le savez, ces grands aspects ne sont jamais « la même chose », et je ne me crois pas dispensé de regarder le ciel aujourd'hui parce que je l'ai vu hier. Je continue donc ma causerie.

Comme le jour déclinait, j'étais monté, par une belle châtaigneraie qui domine le château de Heidelberg, sur une haute colline qu'on appelle le petit Geissberg. Il y avait là, au douzième siècle, une forteresse bâtie par Conrad de Hohenstaufen, comte du Saint-Empire, duc des Francs et beau-frère de l'empereur Barberousse. Des débris de cette forteresse, incendiée en 1278 en même temps que la ville de Heidelberg, les Suédois firent en 1633 un retranchement en pierres sèches ; et, de nos jours, du retranchement de Gustave-Adolphe, un paysan a fait la clôture de son champ de pommes de terre.

La plaine du Rhin, vue du petit Geissberg, est comme l'océan vu de la falaise de Bois-Rosé. L'horizon est immense. Mannheim, Phi-

der Horizont: Mannheim, Philippsburg, die hohen Glockentürme von Speyer, eine Vielzahl von Dörfern, Wäldern, endlose Ebenen, der Rhein, der Neckar, zahllose Inseln, im Hintergrund die Vogesen.

Rechts auf dem Heiligenberg, einer bewaldeten Anhöhe, die man vor zweitausend Jahren *mont Pirus* genannt hat und vor tausend Jahren *mons Abrahæ*, erzählen die Ruinen, die man sieht, die gleiche Geschichte wie die Trümmer der Burg Konrads auf dem Gaisberg. Die Römer hatten dort einen Jupiter-Tempel und einen Merkur-Tempel errichtet; aus dem Gestein dieser beiden Tempel ließ Chlodwig nach der Schlacht bei Tolbiak 495 einen Palast erbauen, den die fränkischen Könige bewohnt haben. Vierhundert Jahre später, unter Ludwig dem Deutschen, verwendete Theodroch, der Abt von Lorges[7], die Steine dieses zerstörten Palasts für den Bau einer Kirche. Im Jahre 1622 bemächtigten sich die Kaiserlichen unter der Führung des Grafen Tilly des Heiligenbergs, rissen die romanische Abtei Theodrochs nieder und errichteten mit den Trümmern Batterien und Schutzwehren auf dem Bergkamm. Heute bauen aus diesen Steinen, die einst einen Jupiter-Tempel, einen fränkischen Königspalast, eine katholische Kirche und eine kaiserliche Schanze gebildet hatten, die Bauern der benachbarten Dörfer ihre Katen.

Oben auf dem Gaisberg setzte ich mich neben einem noch blühenden wilden Geißblatt auf einen Stein, der dort seit dem Dreißigjährigen Krieg lag. Die Sonne war untergegangen. Ich betrachtete diese herrliche Landschaft. Ein paar Wolken zogen nach Osten dahin. Der Sonnenuntergang warf auf die violetten Vogesen seine langen Streifen, die in allen Spektralfarben leuchteten. Ein Stern überstrahlte alles am Himmel.

Ich hatte den Eindruck, daß all die Männer, all die Geister, all die Schatten, die während der zweitausend Jahre diese Berggegend berührt hatten, Attila, Chlodwig, Konrad, Barbarossa, Friedrich der Siegreiche, Gustav-Adolf, Turenne, Custine, noch hinter mir stünden und ebenso wie ich diesen prächtigen Horizont betrachteten.

[7] Gemeint ist Lorsch.

lipsburg, les hauts clochers de Spire, une foule de villages, des forêts, des plaines sans fin, le Rhin, le Neckar, d'innombrables îles, au
fond les Vosges.

À droite, sur le Heiligenberg, croupe boisée qu'on appelait il y a
deux mille ans le *mont Pirus*, et il y a mille ans le *mont Abrahæ*, des
ruines qu'on aperçoit racontent la même histoire que les ruines du
donjon de Conrad sur le Geissberg. Les Romains avaient érigé là
un temple à Jupiter et un temple à Mercure ; des débris de ces deux
temples, Clovis, après la bataille de Tolbiac, en 495, bâtit un palais
que les rois francs habitèrent. Quatre cents ans plus tard, sous
Louis le Germanique, Théodroch, abbé de Lorges, édifia une église
avec la démolition du palais de Clovis. En 1622, les impériaux,
commandés par le comte de Tilly, s'emparèrent du Heiligenberg,
jetèrent bas l'abbaye romane de Théodroch, et construisirent avec
les décombres des batteries et des épaulements sur la crête de la
montagne. Aujourd'hui avec ces pierres qui ont été un temple à Jupiter, un palais des rois francs, une église catholique, une batterie
impériale, les paysans des villages voisins font des cabanes.

Je m'étais assis au haut du Geissberg, à côté d'un chèvrefeuille
sauvage encore en fleurs, sur une pierre posée là pendant la guerre
de Trente Ans. Le soleil avait disparu. Je contemplais ce magnifique
paysage. Quelques nuées fuyaient vers l'orient. Le couchant posait
sur les Vosges violettes ses longues bandelettes peintes des couleurs
du spectre solaire. Une étoile brillait au plus clair du ciel.

Il me semblait que tous ces hommes, tous ces fantômes, toutes
ces ombres qui avaient passé depuis deux mille ans dans ces montagnes, Attila, Clovis, Conrad, Barberousse, Frédéric le Victorieux,
Gustave-Adolphe, Turenne, Custine, s'y dressaient encore derrière
moi et regardaient comme moi ce splendide horizon. J'avais sous

Direkt zu meinen Füßen hatte ich die Trümmer der Hohenstaufer, zu meiner Rechten die Trümmer der Römer, unter mir, über den Abgrund geneigt, die Trümmer der Pfalzgrafen, im nebligen Hintergrund eine ärmliche Kirche. Sie wurde von den Katholiken im 15. Jahrhundert erbaut, im 16. von den Protestanten erobert und wird heute durch eine Wand zwischen Katholiken und Protestanten geteilt und somit, in den Augen Roms, zwischen Paradies und Hölle aufgeteilt. Rund um diese entweihte, zerstörte Kirche eine kümmerliche Stadt: viermal abgebrannt, dreimal beschossen, ausgeplündert, wiederaufgebaut, zerstört und neu errichtet; gestern fürstliche Residenz, heute Universität und Manufaktur, Schule und Werkstatt, eine Stadt der jungen Studenten und der Arbeiter, das heißt ein Ameisenhaufen von Kindern, welche die Finsternis studieren, und von Männern, die das Nichts bearbeiten. Vor mir in der Ferne hatte ich die immer noch perlmuttfarbenen Flüsse, den immer noch saphirfarbenen Himmel, die ewig purpurnen Wolken, die ewig diamantenen Gestirne; neben mir die noch duftenden Blumen, den immer gleich fröhlichen Wind, die immer noch im Winde zitternden, jungen Bäume. In diesem Augenblick spürte ich die Kleinheit des Menschen in ihrem ganzen Ausmaß im Vergleich zur göttlichen Größe, und es überkam mich jenes Erstaunen vor der Natur, das die Adler, die man abends unbeweglich über den Gipfeln der Alpen oder des Athos schweben sieht, empfinden müssen, wenn sie das Land tief unter sich betrachten.

Wie Sie wissen, lieber Louis, steigt auf diesen Höhen in feierlichen Momenten eine Flut von Gedanken in einem auf, die einen unmerklich erfüllt und in der das eigene Bewußtsein fast völlig untergeht. Es wäre unmöglich, Ihnen all das zu schildern, was mir während dieser zwei oder drei Traumstunden auf dem Gaisberg durch den Sinn ging.

Vor viertausend Jahren ist dieses weite Land, das sich einem vom Gipfel des Gaisbergs wie ein Meer öffnet, tatsächlich ein See gewesen, ein riesiger See, der den großen Kreis der Berge bespült hat, den Donnersberg, den Taunus, den Melibokus, den Pirus und die Vogesen. Der Rhein ergoß sich wie der Niagara von See zu See in den Ozean. Eine alte Legende erzählt, daß ein Geisterbeschwörer,

mes pieds les Hohenstaufen en ruine, à ma droite les Romains en ruine, au-dessous de moi, penchant sur le précipice, les palatins en ruine ; au fond, dans la brume, une pauvre église bâtie par les catholiques au quinzième siècle, envahie par les protestants au seizième, aujourd'hui partagée par une cloison entre les protestants et les catholiques, c'est-à-dire, aux yeux de Rome, mi-partie de paradis et d'enfer, profanée, détruite ; autour de cette église, une chétive ville quatre fois incendiée, trois fois bombardée, saccagée, relevée, dévastée et rebâtie ; hier résidence princière, aujourd'hui université et manufacture, école et atelier, cité de bacheliers et d'ouvriers, c'est-à-dire fourmilière d'enfants étudiant les ténèbres et d'hommes travaillant le néant ; devant moi, dans l'espace, j'avais les fleuves toujours de nacre, le ciel toujours de saphir, les nuages toujours de pourpre, les astres toujours de diamant ; à côté de moi les fleurs toujours parfumées, le vent toujours joyeux, les arbres toujours frissonnants et jeunes. En ce moment-là, j'ai senti dans toute leur immensité la petitesse de l'homme et la grandeur de Dieu, et il m'est venu un de ces éblouissements de la nature que doivent avoir, dans leur contemplation profonde, ces aigles qu'on aperçoit le soir immobiles au sommet des Alpes ou de l'Atlas.

Vous savez, Louis ? sur les hauts lieux, dans les moments solennels, il y a une marée montante d'idées qui vous envahit peu à peu et qui submerge presque l'intelligence. Vous dire tout ce qui a passé et repassé dans mon esprit pendant ces deux ou trois heures de rêverie sur le Geissberg, ce serait impossible.

Il y a quatre mille ans, cette vaste campagne, qu'on voit du sommet du Geissberg s'ouvrir comme une mer, était un lac en effet, un immense lac qui battait tout ce grand cirque de montagnes, le mont Tonnerre, le Taunus, le Mélibocus, le mont Pirus et les Vosges. Le Rhin, comme le Niagara, descendait de lac en lac à l'océan. Une ancienne tradition raconte qu'un nécromant, pris par un roi, desséchait

der von einem König gefangengenommen worden war, diesen See trockengelegt habe, um seine Freiheit zurückzuerlangen. Dieser gefangene Zauberer war der gefesselte Rhein, der die westliche Grenze des Sees durchspült hat, um sich breiter zwischen der doppelten Kette erloschenen Lavagesteins ergießen zu können, die am Taunus beginnt und am Siebengebirge endet. Seither ist der See in eine Ebene verwandelt, die Menschen folgten den Wellen und die Bergfriede den Riffen.

Soeben habe ich Ihnen einige dieser großen Gespenster der Geschichte genannt, die seit zwei Jahrtausenden diese Ebene durchquert haben. Cäsar war der erste, Bonaparte der letzte.

Es gibt Städte, über denen sich fast periodisch zu bestimmten Zeiten Knoten von Ereignissen bilden, wie sich Wolken über hohen Bergen zusammenballen. Das mag an einer Art lokalen Schicksals liegen, das in der Luft liegt, oder an der Verbindung der geographischen Lage mit der politischen Bedeutung.

Heidelberg ist eine dieser Städte.

Lassen Sie mich nur von seinem Schloß sprechen. (Das ist absolut unerläßlich, und eigentlich hätte ich damit beginnen sollen). Was hat es nicht alles durchgemacht! Fünfhundert Jahre lang hat es die Rückwirkungen von allem hinnehmen müssen, was Europa erschüttert hat, und am Ende ist es darunter zusammengebrochen. Das liegt daran, daß dieses Heidelberger Schloß, die Residenz des Pfalzgrafen, der über sich nur Könige, Kaiser und Päpste hatte und zu bedeutend war, um sich unter deren Füßen zu krümmen, aber nicht den Kopf heben konnte, ohne mit ihnen aneinanderzugeraten, das liegt daran, meine ich, daß das Heidelberger Schloß immer irgendeine Oppositionshaltung gegenüber den Mächtigen eingenommen hat. Schon um 1300, der Zeit seiner Gründung, beginnt es mit einer Thebais; in dem Grafen Rudolf und dem Kaiser Ludwig, diesen beiden entarteten Brüdern, hat es seinen Eteokles und seinen Polyneikes. Darin nimmt der Kurfürst an Macht zu. Im Jahre 1400 setzt der Pfälzer Ruprecht II., unterstützt von drei rheinischen Kurfürsten, Kaiser Wenzeslaus ab und nimmt dessen Stelle ein; hundertzwanzig Jahre später, 1519, sollte Pfalzgraf Friedrich II. den jungen König Karl I. von Spanien zu Kaiser Karl v. machen. Im

ce lac pour obtenir sa liberté. Ce magicien prisonnier, c'était le Rhin captif qui rongea la barrière occidentale du lac afin de pouvoir s'engouffrer plus largement entre la double chaîne de volcans éteints qui commence au Taunus et finit aux Sept-Monts. Depuis lors, le lac s'est changé en plaine, les hommes ont succédé aux flots et les donjons aux écueils.

Je viens de vous dire quelques-uns des grands fantômes historiques qui ont traversé cette plaine depuis vingt siècles. César a été le premier, Bonaparte le dernier.

Il y a des villes sur lesquelles, à de certaines époques presque périodiques, par une sorte de fatalité locale qui est dans l'air ambiant, par la combinaison de leur situation géographique avec leur valeur politique, il se forme des nœuds d'événements comme il se forme des nœuds de nuages sur les hautes montagnes.

Heidelberg est une de ces villes.

Pour ne vous parler que de son château (car il faut bien que je vienne à vous en entretenir et j'aurais dû commencer par là), que d'aventures n'a-t-il pas eues ! Pendant cinq cents ans il a reçu le contrecoup de tout ce qui a ébranlé l'Europe, et il a fini par en crouler. Cela tient, il est vrai, à ce que le château de Heidelberg, résidence du comte palatin, lequel n'avait au-dessus de lui que les rois, les empereurs et les papes, et, trop grand pour rester courbé sous leurs pieds, ne pouvait relever la tête qu'en les heurtant ; cela tient, dis-je, à ce que le château de Heidelberg a toujours eu je ne sais quelle attitude d'opposition aux puissances. Dès 1300, époque de sa fondation, il commence par une Thébaïde ; il a dans le palatin Rodolphe et l'empereur Louis, ces deux frères dénaturés, son Étéocle et son Polynice. Puis l'électeur va grandissant. En 1400, le palatin Rupert II, assisté des trois électeurs du Rhin, dépose l'empereur Wenceslas et prend sa place ; cent cinquante ans plus tard, en 1546, le palatin Frédéric II fera du jeune roi Charles Ier d'Espagne l'empereur Charles

Jahre 1415 erklärt sich Graf Ludwig der Bärtige zum Schutzherrn über das Konzil von Konstanz und setzt in seinem Heidelberger Schloß den Gegenpapst Johannes XXIII. gefangen, den er in einem Brief an den Kaiser *Ihren simonischen Balthazar Kossa* nennt. Ein Jahrhundert darauf flieht Luther nach Nauenheim[8], in die Nähe eben dieser Stadt Heidelberg und damit in den Schutzbereich des Grafen Friedrich. Ich übergehe hier absichtlich Friedrich den Siegreichen, den Titanen von Heidelberg, um später ausführlicher über ihn zu berichten. 1619 nimmt Friedrich V., ein junger Mann, gegen den Willen des Kaisers die böhmische Königskrone an, und 1687 setzt sich Pfalzgraf Philipp-Wilhelm, ein Greis, gegen den Willen des Königs von Frankreich den Kurfürstenhut auf. Daraus sollten für Heidelberg Kämpfe, nicht enden wollende Erschütterungen erwachsen, der Dreißigjährige Krieg, Gustav-Adolfs Ruhmesblatt und schließlich der Pfälzische Erbfolgekrieg, die Mission Turennes. All diese schrecklichen Ereignisse haben das Schloß getroffen. Drei Kaiser, Ludwig der Baier, Adolf von Nassau und Leopold von Österreich, haben es belagert; Pius II. hat den Bannstrahl darauf geschleudert; Ludwig XIV. hat den Donnerkeil folgen lassen.

Man könnte sogar sagen, daß der Himmel sich eingemischt hat. Am 23. Juni 1764, einen Tag, bevor Karl-Theodor in das Schloß einziehen und es zu seiner Residenz machen sollte (was, nebenbei gesagt, ein großes Unglück gewesen wäre; denn wenn Karl-Theodor seine dreißig Jahre dort verbracht hätte, wäre die strenge Ruine, die wir heute bewundern, sicher mit einer schrecklichen Pompadour-Verzierung versehen worden), an diesem Vortag also, als die Möbel des Fürsten bereits vor der Tür, in der Heiliggeistkirche, standen, traf das Feuer des Himmels den achteckigen Turm, setzte das Dach in Brand und zerstörte in wenigen Stunden dieses fünfhundert Jahre alte Schloß. Schon zwei Jahrhunderte zuvor, 1537, war der ehemalige Palast auf dem Gaisberg, den Konrad errichten ließ und den Friedrich II. in ein Pulvermagazin umbaute, vom Blitz getroffen worden und in die Luft geflogen. Es ist bemerkenswert, daß die beiden Heidelberger Schlösser, der Bergfried der Hohen-

---

[8] Gemeint ist Neuenheim.

Quint. En 1415, le comte Louis le Barbu se déclare protecteur du concile de Constance, et emprisonne dans son château de Heidelberg un pape, Jean XXIII, qu'il appelle, dans une lettre à l'empereur, *votre simoniaque Balthazar Kossa*. Un siècle après, Luther se réfugie à Nauenheim, près de ce même Heidelberg, à l'ombre du palatin Frédéric. J'omets ici à dessein, pour vous en parler plus au long dans un instant, Frédéric le Victorieux, le grand titan de Heidelberg. En 1619 Frédéric V, un jeune homme, saisit la couronne royale de Bohême malgré l'empereur, et en 1687 le palatin Philippe-Guillaume, un vieillard, prend le chapeau d'électeur malgré le roi de France. De là, pour Heidelberg, des luttes, des secousses, des commotions sans fin, la guerre de Trente Ans, qui est la gloire de Gustave-Adolphe ; la guerre du Palatinat, qui est la tache de Turenne. Toutes les choses formidables ont frappé ce château. Trois empereurs, Louis de Bavière, Adolphe de Nassau et Léopold d'Autriche, l'ont assiégé ; Pie II y a lancé l'excommunication ; Louis XIV y a lancé la foudre.

On pourrait même dire que le ciel s'en est mêlé. Le 23 juin 1764, la veille du jour où Charles-Théodore devait venir habiter le château et y fixer sa résidence (ce qui, soit dit en passant, eût été un grand malheur ; car, si Charles-Théodore avait passé là sa trentaine d'années, la sévère ruine que nous admirons aujourd'hui serait, sans aucun doute, incrustée d'un affreux damasquinage pompadour), la veille de ce jour donc, comme les meubles du prince étaient déjà déposés à la porte, dans l'église du Saint-Esprit, le feu du ciel tomba sur la tour octogone, incendia la toiture, et acheva de détruire en quelques heures ce château de cinq siècles. Déjà deux cents ans auparavant, en 1537, l'ancien palais bâti par Conrad sur le Geissberg et converti par Frédéric II en magasin à poudre avait été touché par un éclair et avait sauté. Chose remarquable, le même dénouement a frappé les deux châteaux de Heidelberg, le donjon des Hohenstauf-

staufer und der Sitz der Pfalzgrafen, das gleiche Ende gefunden haben. Beide haben wie der Traum in der Tragödie *mit einem Donnerschlag* geendet.

Diese heimliche und verletzte Eifersucht des Kurfürsten gegenüber dem Kaiser, des selbständigen Grafen gegenüber dem Cäsaren, von der ich eben sprach, hat sich sichtbar bis auf die Fassaden des Schlosses übertragen und dort niedergeschlagen. Am Palast Ott-Heinrichs hat der Architekt im Geiste des Fürsten Medaillons mit den Reliefs römischer Kaiser angebracht. Unter diesen Cäsaren hat er Nero hervorgehoben und Brutus übergangen. Er hat die Komposition dieser drei Etagen auf vier Statuen abgestimmt, die stolz das Erdgeschoß zieren. Diese vier Statuen sind Symbole, sie sind halb Götter, halb Könige: Josua, Samson, Herkules und David. In David hat er nicht den König gesucht, sondern den Hirten. Unter jeder Statue ist eine Inschrift angebracht, in der die hochmütige Gesinnung des Pfalzgrafen zum Ausdruck kommt. Zu Füßen Josuas steht:

DER HERTZOG JOSUA

DURCH GOTTES MACHT

EIN UND DREISSIG KÖNIG

HAT UMBRACHT

Aus Samson wird beinahe ein pfälzischer Kurfürst:

SAMSON DER STARCK STREITER

GOTTES WAR

BESCHIRMET ISRAEL

WOL ZWENTZIG JAHR

Herkules, gemeint ist Friedrich II., sagt, nachdem er Deutschland zweimal gerettet und die Türken an der Spitze des Deutschen Bundesheeres geschlagen hat:

JOVIS SON HERCULES

BIN ICH GENANDT

DURCH MEI HERLICHE

THATEN WOL BEKANDT

David schließlich, der Hirte David, der in der einen Hand seine Schleuder, in der anderen den Kopf des Riesen hält, ist der durch

fen et le manoir des palatins. Ils ont fini l'un et l'autre comme le songe de la tragédie, *par un coup de tonnerre.*

Cette jalousie sourde et voilée, dont je vous parlais tout à l'heure, de l'électeur contre l'empereur, du comte souverain contre le césar, se traduit et éclate visiblement jusque sur les façades du château. Sur le palais d'Othon-Henri, l'artiste, plein de l'esprit du prince, a mis des médaillons d'empereurs romains. Parmi ces césars il a étalé Néron et glissé Brutus. Il a subordonné la composition de ses trois étages à quatre statues posées fièrement au rez-de-chaussée. Ces quatre statues sont des symboles ; ce sont des demi-dieux et des demi-rois. C'est Josué, c'est Samson, c'est Hercule, c'est David. Dans David il n'a pas choisi le roi, mais le berger. Chaque statue a au-dessous d'elle son inscription qui achève d'expliquer la pensée hautaine du palatin. Sous les pieds de Josué on lit :

LE DUC JOSUÉ (HERZOG JOSHUA)

PAR L'AIDE DE DIEU

A FAIT PÉRIR

TRENTE ET UN ROIS

Samson, dans sa légende, devient presque un électeur palatin :

SAMSON LE FORT

ÉTAIT LE LIEUTENANT DE DIEU

ET GOUVERNA ISRAËL

DURANT VINGT ANS

Hercule, c'est Frédéric II, qui dit, après avoir sauvé deux fois l'Allemagne et battu les Turcs à la tête de l'armée de la confédération germanique :

JE SUIS HERCULE

FILS DE JUPITER

CONNU PAR MES NOBLES TRAVAUX

BIEN CONNU

David enfin, le berger David, qui tient sa fronde d'une main et la

den Ruhm legitimierte Usurpator, Friedrich der Siegreiche, der zu Kaiser Adolf zu sagen scheint:

DAVID WAR EIN JUNGLING

GEHERTZT UND KLUG

DEM FRECHEN GOLIATH

DEN KOPFF ABSCHLUG

Goliath brauchte es sich nur gesagt sein zu lassen.

Dieser pfälzische Kurfürst war in der Tat ein großer und gefürchteter Herrscher. Unter den weltlichen Kurfürsten nahm er den gleichen Rang ein wie der Erzbischof von Mainz unter den geistlichen. Bei den Reichsfeierlichkeiten trug er den Reichsapfel. Seit Karl V. führte er ihn in seinem Wappen.

Die Pfalzgrafen waren der Bildung durchaus aufgeschlossen; so etwas zierte den wahren Fürsten und schmeichelte seiner Eitelkeit. Im 14. Jahrhundert hatte Ruprecht der Ältere die Heidelberger Universität gegründet; im 17. wurde Graf Karl zum Doktor der Universität Oxford promoviert. Otto der Großmütige war Maler und Bildhauer. Und Ottheinrich gehörte diesem wunderbaren 16. Jahrhundert an, das Fürsten und Künstler in einer Gestalt auf einem strahlenden Höhepunkt zusammenführte. Karl V. nahm Tizians Pinsel wieder auf. François Ier schrieb Verse, malte und zeichnete, wie später Charles IX. *Molte volte*, sagte Paul Lamozzo, *si dilettava di prendere lo stilo in mano e esercitarsi nel disegnare e dipingere.*

Dank seines alten Lehrmeisters Matthias Kemnat war auch dieser Friedrich der Siegreiche ein gebildeter Fürst. Er war im 15. Jahrhundert sozusagen der Zwillingsbruder Karls des Kühnen, und der tapfere Herzog von Burgund zog seine Freundschaft dem Königstitel vor. Die Geschichte kennt keine stolzere Gestalt. Er beginnt mit der Usurpation, denn sein Land brauchte einen Mann und kein Kind. Er verteidigt die Pfalz gegen den Kaiser und den Erzbischof von Mainz gegen den Papst; dreimal wird er exkommuniziert; er schlägt den Bund der dreizehn Fürsten; er kämpft für die Hanse am Rhein; er bietet ganz Deutschland die Stirn; er gewinnt die Schlachten von Pfeddersheim und von Seckenheim; er reicht

tête du géant de l'autre, c'est l'usurpateur légitimé par la gloire, Frédéric le Victorieux, qui semble dire à l'empereur Adolphe :

DAVID ÉTAIT UN JEUNE GARÇON
COURAGEUX ET PRUDENT
À L'INSOLENT GOLIATH
IL A TRANCHÉ LA TÊTE

Goliath n'avait qu'à se tenir pour averti.

C'était, en effet, un grand et formidable prince que l'électeur palatin. Il tenait parmi les électeurs-ducs le même rang que l'archevêque de Mayence parmi les électeurs-évêques. Il portait le globe du Saint-Empire dans les solennités germaniques. Depuis Charles Quint, il le joignait à ses armes.

Les comtes palatins étaient volontiers lettrés, ce qui est l'ornement et la coquetterie des vrais princes. Au quatorzième siècle Rupert l'Ancien fondait l'université de Heidelberg. Au dix-septième le palatin Charles était docteur de l'université d'Oxford. Othon le Magnanime dessinait et sculptait. Il est vrai que Othon-Henri appartient à cet admirable seizième siècle qui confondait dans une vie commune le prince et l'artiste sur ses sommets éblouissants. Charles Quint ramassait le pinceau de Titien. François Ier, comme plus tard Charles IX, faisait des vers, peignait et dessinait. *Molte volte*, dit Paul Lamozzo, *si dilettava di prendere lo stilo in mano e esercitarsi nel disegnare e dipingere.*

C'était aussi un prince lettré, grâce à son vieux maître Mathias Kemnat, que ce Frédéric le Victorieux qui fut, pour ainsi dire, au quinzième siècle le jumeau de Charles le Téméraire et dont le vaillant duc de Bourgogne préféra l'amitié au titre de roi. L'histoire n'a pas de figure plus fière. Il débute par l'usurpation, car son pays avait besoin d'un homme et non d'un enfant. Il défend le Palatinat contre l'empereur et l'archevêque de Mayence contre le pape ; il se fait excommunier trois fois ; il bat la ligue des treize princes ; il prête main-forte à la hanse rhénane ; il tient tête à toute l'Allemagne ; il gagne les batailles de Pfeddersheim et de Seckenheim ; il donne au

dem Markgrafen Karl von Baden, dem Bischof Georg von Metz, dem Grafen Ulrich von Württemberg und seinen hundertzwanzig gefangenen Rittern das berühmte *Mahl zu Heidelberg*; er reinigt das Neckartal von Raubrittern, wie Friedrich Barbarossa und Rudolf von Habsburg den Rhein von ihnen befreit hatten; schließlich, nachdem er ständig im Feldlager gelebt hatte, stirbt er in einem Kloster. Ein Leben, wie es der große Friedrich später führen, ein Tod, wie ihn Karl V. später finden sollte.

Ein Held mit doppeltem Profil, mit dem die Vorsehung im voraus einen Entwurf dieser beiden großen Männer lieferte.

Aus der Vogelschau bietet das Heidelberger Schloß in etwa die Form eines F, als habe der Zufall aus der herrlichen Anlage die gigantische Initiale dieses siegreichen Friedrich, ihres berühmtesten Bewohners, machen wollen.

Der senkrechte Strich dieses F verläuft parallel zum Neckar und blickt auf die Stadt, die von dem Schloß auf halber Höhe überragt wird. Der längere Querstrich, der rechtwinklig am oberen Ende der Senkrechten abzweigt, erstreckt sich oberhalb eines kleinen Tals, das ihn von den Bergen im Osten trennt. Der kürzere Querstrich in der Mitte, der noch durch die Ruinen verkürzt wird, die seinen Abschluß bilden, schloß das Gebäude nach Westen zur Rheinebene ab und wies mit seinen Türmen, die es immer noch in seiner zerbrochenen Faust zu halten schien, zum Gaisberg hin.

Die Heidelberger Residenz hat von allem etwas. Sie ist eines jener Bauwerke, in dem sich die anderswo nur verstreuten Schönheiten häufen und eine Mischung eingehen. Es gibt hier gekehlte Türme wie in Pierrefonds, Schmuckfassaden wie in Anet, zur Hälfte eingestürzte Wassergräben wie in Rheinfels, große zerbröckelnde und bemooste Bassins wie bei der Villa Pamfili, dornenumrankte Kamine wie in Meung-sur-Loire, Größe wie in Tancarville, Anmut wie in Chambord, Schreckeinflößendes wie in Chillon.

Spuren der Belagerungen und des Krieges findet man überall. Sie können sich nicht vorstellen, mit welcher Wut insbesondere die Franzosen zwischen 1689 und 1693 dieses Schloß verwüstet haben. Drei- oder viermal sind sie dorthin zurückgekehrt. Sie haben unter den Terrassen und im Inneren der Haupttürme Minen gelegt; sie

margrave Charles de Bade, à l'évêque Georges de Metz, au comte Ulrich de Wurtemberg, et aux cent vingt-trois chevaliers ses prisonniers le fameux *repas sans pain* ; il déclare la guerre aux burgraves-bandits et en purge le Neckar comme Barberousse et Rodolphe de Habsbourg en avaient purgé le Rhin ; enfin, après avoir vécu dans un camp, il meurt dans un cloître. Vie qui sera plus tard celle du grand Frédéric, mort qui sera plus tard celle de Charles Quint.

Héros à double profil dans lequel la Providence ébauchait d'avance ces deux grands hommes.

Vu à vol d'oiseau, le château de Heidelberg présente à peu près la forme d'une F, comme si le hasard avait voulu faire du magnifique manoir la gigantesque initiale de ce victorieux Frédéric, son plus illustre habitant.

Le grand jambage de l'F est parallèle au Neckar et regarde la ville, que le château domine à mi-côte. Le grand bras qui part à angle droit de l'extrémité supérieure du jambage, s'étend au-dessus d'un vallon qui le sépare des montagnes de l'est. Le petit bras du milieu, raccourci encore par les ruines qui le terminent, fermait le château à l'ouest du côté des plaines du Rhin et tournait vers le mont Geissberg les tours qu'il semble tenir encore dans son poignet brisé.

Il y a de tout dans le manoir de Heidelberg. C'est un de ces édifices où s'accumulent et se mêlent les beautés éparses ailleurs. Il a des tours entaillées comme à Pierrefonds, des façades-bijoux comme à Anet, des moitiés de douves tombées d'un seul morceau dans le fossé comme au Rheinfels, de larges bassins tristes, croulants et moussus, comme à la villa Pamfili, des cheminées de rois pleines de ronces comme à Meung-sur-Loire, de la grandeur comme à Tancarville, de la grâce comme à Chambord, de la terreur comme à Chillon.

Les traces des assauts et de la guerre sont là partout. Vous ne pouvez vous figurer avec quelle furie les Français en particulier ont ravagé ce château de 1689 à 1693. Ils y sont revenus à trois ou quatre reprises. Ils ont fait jouer la mine sous les terrasses et dans les entrailles des maîtresses tours ; ils ont mis le feu aux toitures ; ils

haben Dächer in Brand gesteckt; sie haben die kostbaren Fassaden mit den Diana- und Venusgestalten beschossen. Ich habe Spuren von Kugeln an den Einfassungen der bezaubernden Fenster des Rittersaals im Erdgeschoß gesehen, aus dem die Pfalzgräfin gesprungen ist, um zu versuchen, *ein Mann zu werden*. Und eben diese Gräfin mit ihrem Geist, ihrer Bosheit und ihrer Verzweiflung darüber, ein Mädchen zu sein, sollte später zum Anlaß des Krieges werden. Merkwürdig, es gibt Städte, die von Frauen zugrunde gerichtet wurden, die ein Ausbund von Schönheit waren; und dieser Ausbund von Häßlichkeit hat Heidelbergs Schicksal besiegelt.

Aber so groß die Verwüstung auch gewesen sein mag – wenn man über die Treppen, durch Gewölbe und über Terrassen zum Schloß hinaufsteigt, bedauert man dennoch, daß die Hauptseite, die der Stadt zugewandt ist, trotz ihrer wunderbaren Komposition mit dem aufgerissenen Turm ganz im Westen, der einmal der Dicke Turm gewesen ist, mit dem schönen achteckigen Turm ganz im Osten, der als Glockenturm diente, und dem zweigiebeligen Mitteltrakt im Stil des 16. Jahrhunderts, dem einstigen Palast Friedrichs IV. – man bedauert, würde ich sagen, daß diese ganze Hauptseite eine gewisse Monotonie aufweist. Ich muß zugeben, daß ich mir eine oder zwei Breschen gewünscht hätte. Wenn ich die Ehre gehabt hätte, den Marschall von Lorges bei seinem Zerstörungswerk im Jahre 1693 zu begleiten, hätte ich ihm ein paar Kanonenschüsse anempfohlen, die etwas Bewegung in die Linie der Hauptfassade gebracht hätten. Wenn man etwas zur Ruine macht, muß man es gut machen.

Sie werden sich dieses bewunderungswürdigen Schlosses von Blois erinnern, das törichterweise als Kaserne *genutzt* wird und dessen Innenhof vier Fassaden aufweist, von denen jede die Geschichte einer großen Architektur erzählt. Nun ja, demjenigen, der den Innenhof der pfälzischen Residenz betritt, bietet sich ein nicht weniger eindringliches und nicht weniger komplexes Bild. Man ist wie geblendet. Man möchte die Augen schließen, wie man sich vor der *Hochzeit* von Paolo Veronese die Ohren verstopfen möchte. Es scheint, als habe dieser Hof eine ungeheure Ausstrahlung, die von allen Seiten gleichzeitig kommt. Alles beansprucht einen, alles for-

ont fait éclater des bombes à travers les Dianes et les Vénus des plus délicates façades. J'ai vu des traces de boulets dans les chambranles de ces ravissantes fenêtres du rez-de-chaussée de la salle des Chevaliers par où sautait la Palatine afin de tâcher de *devenir homme*. Cette même Palatine, si spirituelle, si méchante et si désespérée d'être fille, a été plus tard la cause de la guerre. Chose bizarre, il y a des villes qui ont été perdues par des femmes qui étaient des merveilles de beauté ; ce miracle de laideur a perdu Heidelberg.

Pourtant, quelle que soit la dévastation, lorsqu'on monte au château par les rampes, les voûtes et les terrasses qui y conduisent, on regrette que le grand côté tourné vers la ville, bien qu'admirablement composé, à son extrémité ouest, d'une tour éventrée qui a été la grosse tour ; à son extrémité orientale, d'une belle tour octogone qui a été la tour de la cloche ; et, à son centre, d'un hôtel à deux pignons, dans le style de 1600, qui a été le palais de Frédéric IV ; on regrette, dis-je, que tout ce grand côté ait quelque monotonie. J'avoue que j'y désirerais une ou deux brèches. Si j'avais eu l'honneur d'accompagner M. le maréchal de Lorges dans sa sauvage exécution de 1693, je lui aurais conseillé quelques volées de canon qui eussent donné plus de mouvement à la ligne de la grande façade. Quand on fait une ruine, il faut la bien faire.

Vous vous rappelez cet admirable château de Blois, si stupidement *utilisé* en caserne, dont la cour intérieure a quatre façades qui racontent chacune l'histoire d'une grande architecture. Eh bien, lorsqu'on entre dans la cour intérieure des palatins, l'impression n'est pas moins profonde ni moins compliquée. On est ébloui. On est tenté de fermer les yeux comme on est tenté de ce boucher les oreilles devant les *Noces* de Paul Véronèse. Il semble qu'il y a dans cette cour un immense rayonnement qui vient de tous les côtés à la fois. Tout vous sollicite et vous réclame. Si l'on est tourné vers le

dert einen heraus. Wenn man sich dem Palast Friedrichs IV. zuwendet, hat man die beiden dreieckigen Giebel dieser belaubten und düsteren Fassade mit ihren weit vorspringenden Gesimsen vor sich, wo sich zwischen vier Fensterreihen die mit keckem Meißel gehauenen Statuen von neun Kurfürsten, zwei Königen und fünf Kaisern erheben. Zur Rechten sieht man die erlesene italienische Fassade des Ottheinrich-Baus, mit ihren Gottheiten, Chimären und Nymphen, die – durch weiche, pudrige Schatten gleichsam in Samt gekleidet – zu leben und zu atmen scheinen, mit ihren römischen Kaisern, ihren griechischen Halbgöttern, ihren hebräischen Helden und dem Portikus – gleichsam Ariosts Verse in Stein. Zur Linken erblickt man die gotische Front des Palastes von Ludwig dem Bärtigen, die wild durchlöchert und schartig ist, als habe sie ein gigantischer Stier mit seinen Hörnern bearbeitet. Hinter sich hat man unter den Bögen einer Vorhalle, die einen halbvollen Brunnen schützt, die vier grauen Granitsäulen, die der Papst Karl dem Großen geschenkt hatte und die im 8. Jahrhundert von Ravenna an die Ufer des Rheins gekommen sind und im 15. vom Rhein an den Neckar, nachdem sie gesehen hatten, wie der Palast des Aachener Kaisers in Ingelheim fiel, und die auch erleben mußten, wie das Schloß der Pfalzgrafen zu Heidelberg in Trümmer sank.

Der ganze Innenhof ist durch zerstörte Freitreppen, versiegte Fontänen und zerschlagene Brunnenbecken verstellt. Überall spaltet sich der Stein, und Brennesseln brechen durch.

Die beiden Renaissance-Fassaden, die diesem Hof soviel Glanz verleihen, sind aus rotem Sandstein und die Statuen vor ihnen aus hellem Sandstein, eine bewunderungswürdige Verbindung, die beweist, daß diese Bildhauer auch große Meister der Farbgebung waren. Im Laufe der Zeit ist der rote Sandstein rostfarben geworden, während der weiße einen Goldton angenommen hat. Von diesen beiden Fassaden zeigt sich die des Palasts Friedrichs IV. in ihrer Strenge, die des Ottheinrich-Baus in ihrem Zauber. Die eine gehört ins Reich der Geschichte, die andere in das der Fabel. Karl der Große beherrscht die eine, Jupiter die andere.

Je länger man diese nebeneinanderliegenden Paläste betrachtet, je tiefer man in ihre wunderbaren Details eindringt, desto mehr be-

palais de Frédéric IV, on a devant soi les deux frontons triangulaires de cette façade touffue et sombre, à entablements largement projetés, où se dressent, entre quatre rangs de fenêtres, taillés du ciseau le plus fier, neuf palatins, deux rois et cinq empereurs. À sa droite on a l'exquise devanture italienne d'Othon-Henri avec ses divinités, ses chimères et ses nymphes qui vivent et qui respirent, veloutées par de molles ombres poudreuses, avec ses césars romains, ses grecs, ses héros hébreux, et son porche qui est de l'Arioste sculpté. À sa gauche on entrevoit le frontispice gothique du palais de Louis le Barbu, furieusement troué et crevassé comme par les coups de cornes d'un taureau gigantesque. Derrière soi, sous les ogives d'un porche où s'abrite un puits à demi comblé, on a les quatre colonnes de granit gris données par le pape au grand empereur d'Aix-la-Chapelle, qui vinrent au huitième siècle de Ravenne aux bords du Rhin et au quinzième des bords du Rhin aux bords du Neckar, et qui, après avoir vu tomber le palais de Charlemagne à Ingelheim, regardent crouler le château des palatins à Heidelberg.

Tout le pavé de la cour est obstrué de perrons en ruine, de fontaines taries, de vasques ébréchées. Partout la pierre se fend et l'ortie se fait jour.

Les deux façades de la Renaissance qui donnent tant de splendeur à cette cour sont en grès rouge et les statues qui les couvrent sont en grès blanc, admirable combinaison qui prouve que ces grands sculpteurs étaient aussi de grands coloristes. Avec le temps, le grès rouge s'est rouillé et le grès blanc s'est doré. De ces deux façades, l'une, celle de Frédéric IV, est toute sévère ; l'autre, celle d'Othon-Henri, est toute charmante. La première est historique, la seconde est fabuleuse. Charlemagne domine l'une, Jupiter domine l'autre.

Plus on contemple ces deux palais juxtaposés, plus on pénètre dans leurs merveilleux détails, plus la tristesse vous gagne. Étrange

fällt einen Traurigkeit. Befremdendes Geschick dieser Meisterwerke aus Marmor und Stein! Ein törichter Passant entstellt sie, eine unsinnige Kugel zerstört sie, und nicht mehr die Künstler, sondern Könige verbinden ihre Namen mit ihnen. Niemand weiß heute, wie die göttlichen Männer hießen, welche die Heidelberger Schloßmauern errichtet und gestaltet haben. Der Ruhm von zehn großen Künstlern schwebt über dieser berühmten Ruine, ohne sich an einen Namen zu knüpfen. Ein unbekannter Boccador hat den Palast Friedrichs IV. entworfen; ein verkannter Primatice hat die Ottheinrich-Fassade gestaltet; ein Cesar Cesariano, im Dunkel der Geschichte verloren, hat die reinen, einem gleichseitigen Dreieck eingezeichneten Spitzbögen an dem Gebäude Ludwigs V. entworfen. Hier sind die Arabesken von Raffael, die Figurinen von Benvenuto. Über all das breitet sich Dunkelheit. Bald werden diese Gedichte aus Marmor sterben, die Dichter sind schon tot. Meinen Sie nicht auch, lieber Louis, daß die bitterste Form der Verweigerung von Gerechtigkeit in der Verweigerung des Ruhms, im Vergessen besteht?

Für wen haben diese bewunderungswürdigen Männer denn gearbeitet? Ach, für den Wind, der da weht, für das wachsende Gras, für den Efeu, der sein Blattwerk mit dem ihren vergleicht, für die vorbeifliegende Schwalbe, für den fallenden Regen, für die Nacht, die sich herabsenkt.

Verwunderlich ist, daß die drei oder vier Beschießungen diese beiden Fassaden nicht in gleicher Weise verwüstet haben. An der Front des Ottheinrich-Palastes haben sie nur einige Gesimse und Architrave getroffen. Die unsterblichen Olympier haben nicht darunter gelitten. Weder Herkules noch Minerva noch Hebe sind berührt worden. Die Kugeln und Feuerpfannen haben sich um die unsterblichen Statuen herum gekreuzt, ohne sie zu erreichen. Im Gegensatz dazu sind die sechzehn gekrönten Ritter, die Löwenköpfe als Knieschützer haben und so tapfer die Stellung am Palast Friedrichs IV. halten, von den Kugeln als Krieger behandelt worden. Sie sind fast alle verletzt. Kaiser Otto hat eine Hiebwunde im Gesicht; Otto, dem König von Ungarn, ist das linke Bein zertrümmert, Pfalzgraf Ottheinrich eine Hand weggerissen worden. Eine

destinée des chefs-d'œuvre de marbre et de pierre ! un stupide passant les défigure, un absurde boulet les anéantit, et ce ne sont pas les artistes, ce sont les rois qui y attachent leurs noms. Personne ne sait aujourd'hui comment s'appelaient les divins hommes qui ont bâti et sculpté la muraille de Heidelberg. Il y a là de la renommée pour dix grands artistes qui flotte au-dessus de cette illustre ruine sans pouvoir se fixer sur des noms. Un Boccador inconnu a inventé le palais de Frédéric IV ; un Primatice ignoré a composé la façade d'Othon-Henri ; un César Césariano perdu dans l'ombre a dessiné les pures ogives à triangle équilatéral du manoir de Louis V. Voici des arabesques de Raphaël, voici des figurines de Benvenuto. Les ténèbres couvrent tout cela. Bientôt ces poèmes de marbre mourront, les poètes sont déjà morts. Ne le pensez-vous pas, Louis ? le plus amer des dénis de justice, c'est le déni de gloire, c'est l'oubli.

Pour qui ont-ils donc travaillé, ces admirables hommes ? Hélas ! pour le vent qui souffle, pour l'herbe qui pousse, pour le lierre qui vient comparer ses feuillages aux leurs, pour l'hirondelle qui passe, pour la pluie qui tombe, pour la nuit qui descend.

Une chose singulière, c'est que les trois ou quatre bombardements qui ont labouré ces deux façades ne les ont pas ravagées toutes les deux de la même manière. Sur le frontispice d'Othon-Henri, ils n'ont guère brisé que des corniches ou des architraves. Les olympiens immortels qui l'habitent n'ont pas souffert. Ni Hercule, ni Minerve, ni Hébé, n'ont été touchés. Les boulets et les pots-à-feu se sont croisés, sans les atteindre, autour de ces statues invulnérables. Tout au contraire, les seize chevaliers couronnés qui ont des têtes de lions pour genouillères et qui font si vaillante contenance sur le palais de Frédéric IV ont été traités par les bombes en gens de guerre. Presque tous ont été blessés. Othon, l'empereur, a été balafré au visage ; Othon, le roi de Hongrie, a eu la jambe gauche fracassée ; Othon-Henri, le palatin, a eu la main emportée. Une balle a

Standbilder der Fürsten aus dem Haufe Pfalz-Bayern an der Schloßkapelle zu Heidelberg.

11.

12.

FRIDERICVS MDLVI.		OTTO HENRICVS MDLIX	
Statue de Fréderic II, dit le sage, Électeur, Comte Palatin du Rhin, et Duc de Bavière, sur la Chapelle du Château de Heidelberg.	Friedrich II, der Weise, Kurfürst und Pfalzgraf bey Rhein, und Herzog in Bayern; Statue an der Kapelle des Heidelberger Schlosses.	Statue d'Othon Henri, dit le Magnanime, Électeur, Comte Palatin du Rhin, et Duc de Bavière, sur la Chapelle du Château de Heidelberg.	Otto Heinrich, der Grossmüthige, Kurfürst und Pfalzgraf bey Rhein, und Herzog in Bayern; Statue an der Kapelle des Heidelberger Schlosses.

Bild 13 / fig. 13
[Charles de Graimberg, édit./Hrsg.: Friedrich II. und Ottheinrich]
Victor Hugo:
« Othon-Henri, le palatin, a eu la main emportée… Un éclat de bombe a coupé en deux Frédéric II. »
„Pfalzgraf Ottheinrich [ist] eine Hand weggerissen worden […] Ein Geschoß hat Friedrich II. zerrissen."

Bild 14 / fig. 14
[Charles de Graimberg: La tour Fendue/der gesprengte Turm]
Victor Hugo:
« Au-delà du fossé […] la tour Fendue […] m'apparaissait comme une
énorme tête de mort. »
„Jenseits des Grabens […] erschien mir der gesprengte Turm […] nun
wie ein riesiger Totenkopf."

Kugel hat Friedrich den Frommen entstellt. Ein Geschoß hat Friedrich II. zerrissen und Johann-Kasimir an der Hüfte getroffen. Bei diesen Angriffen hat oben der erste in der Reihe der königlichen Statuen, Karl der Große, seinen Reichsapfel verloren und der letzte in der unteren Reihe, Friedrich IV., sein Zepter.

Dennoch gibt es nichts Erhabeneres als dieses Heer von durchweg verletzten, aber aufrecht stehenden Fürsten. Ob der Zorn Leopolds I. und der Donnerschlag Ludwigs XIV., der Zorn des Himmels, ob die Französische Revolution, der Zorn des Volkes, über sie hergefallen waren, sie sind alle noch dort und verteidigen ihre Fassade, die Faust auf der Hüfte, das Bein gestreckt, mit sicherem Stand und erhobenem Haupt. Der bayerische Löwe schneidet zu ihren Füßen seine stolze Löwengrimasse.

In der zweiten Reihe zieht Friedrich der Siegreiche unter einem grünen Zweig, der den Architrav durchbohrt hat und anmutig mit den steinernen Federn seines Helms spielt, das Schwert halb aus der Scheide. Der Bildhauer hat diesem Gesicht irgendwie die Miene eines Ajax verliehen, der Jupiter den Kampf ansagt, oder eines Nimrod, der seinen Pfeil auf Jehova richtet.

Die beiden Paläste von Ottheinrich und Friedrich IV. müssen im Licht der Beschießung in der schrecklichen Nacht vom 2. Mai 1693 ein großartiges Schauspiel abgegeben haben. M. de Lorges hatte eine Batterie in der Ebene bei dem Dorf Neuenheim in Stellung gebracht, eine weitere auf dem Heiligenberg, eine dritte am Wolfsbrunnenweg und eine vierte auf dem Kleinen Gaisberg. Von diesen unterschiedlichen Stellen aus tauchten die Mörser, die Heidelberg wie ein Ring von scheußlichen Hydren umgaben, ihre langen Flammenhälse ohne Unterlaß und von allen Seiten zugleich in den Schloßhof. Die Geschosse pflügten mit ihren Eisenschädeln das Pflaster; rotglühende Kugeln zogen Feuerschweife hinter sich her, und in diesem Schein zeichneten sich auf der Fassade Friedrichs IV. die Gestalten der Pfalzgrafen und der Kaiser ab, wahre Kolosse in kriegerischer Pose, gepanzert wie Skarabäen, die Hand am Schwert, voller Aufruhr und Schrecken, während neben ihnen, auf der anderen Fassade, die strahlenden Götter und die errötenden

défiguré Frédéric le Pieux. Un éclat de bombe a coupé en deux Frédéric II, et a cassé les reins à Jean-Casimir. Dans ces assauts, celui qui commence en haut, près du ciel, cette royale série de statues, Charlemagne, a perdu son globe, et celui qui la termine en bas, Frédéric IV, a perdu son sceptre.

Du reste, rien de plus superbe que cette légion de princes, tous mutilés, et tous debout. La colère de Léopold Ier et de Louis XIV, le tonnerre, cette colère du ciel, la Révolution française, cette colère des peuples, ont eu beau les assaillir ; tous sont là encore, défendant leur façade, le poing sur la hanche, la jambe tendue, le talon solide, la tête haute. Le lion de Bavière fait sous leurs pieds sa fière grimace de lion.

Au second étage, au-dessous d'un rameau vert qui a percé l'architrave et qui joue gracieusement avec les plumes de pierre de son casque, Frédéric le Victorieux tire à demi son épée. Le sculpteur a mis dans ce visage je ne sais quel air d'Ajax offrant le combat à Jupiter, ou de Nemrod lançant sa flèche à Jéhova.

Ce dut être un merveilleux spectacle que ces deux palais d'Othon-Henri et de Frédéric IV vus à la lueur du bombardement dans la fatale nuit du 21 mai 1693. M. de Lorges avait posé une batterie dans la plaine, devant le village de Neuenheim, une autre sur le Heiligenberg, une troisième sur le chemin de Wolfsbrunn, une quatrième sur le petit Geissberg. De ces quatre points opposés, les mortiers, entourant Heidelberg comme un cercle d'affreuses hydres, plongeaient sans relâche et de tous les côtés à la fois leurs longs cous de flamme dans la cour du château ; les obus fouillaient le pavé de leur crâne de fer ; les boulets ramés et les boulets rouges passaient parmi des traînées de feu, et à cette clarté se dessinaient sur la façade de Frédéric IV, dans leur posture de combat, les colosses des palatins et des empereurs, cuirassés comme des scarabées, l'épée à la main, tumultueux et terribles ; tandis qu'à côté d'eux, sur l'autre façade, nus, sereins et tranquilles, vaguement éclairés par le reflet des

Göttinnen, nackt, in heiterer Gelassenheit, nur schwach erhellt vom Schein der Granaten, unter diesem Bombenregen lächelten.

Unter den königlichen Figuren, die eher wie versteinerte Seelen denn wie Statuen aussehen, schienen mir nur zwei etwas von ihrem Stolz verloren zu haben: Ludwig V. und Friedrich V. Allerdings gehören sie nicht zu der glänzenden Ansammlung von Fürsten am Palast Friedrichs IV. Sie lehnen im Schatten an der Ruine, die einmal der Dicke Turm gewesen war.

Friedrich V. ist tief niedergeschlagen; er scheint an den Fehler zu denken, der ihm zum Schicksal wurde. Die Krone von Böhmen, welche die Böhmen Ferdinand von Österreich von der Stirne gerissen hatten, war dem Kurfürsten von Sachsen angetragen worden, der sie jedoch zurückwies; auch Karl-Emanuel, der Herzog von Savoyen, und Christian IV., der König von Dänemark, nahmen sie nicht an; schließlich wurde sie dem Pfalzgrafen Friedrich v. angeboten, der sie, dem Rat seiner Frau folgend, mit beiden Händen ergriff. 1619 ließ er sich in Prag krönen; dann brach der Krieg aus, und er mußte, fern von seiner Heimat und verfolgt und verbannt von den Ereignissen, die er herbeigeführt hatte, sein Leben lassen. Seine Frau war Elisabeth von England, die Enkelin Maria Stuarts. Sie hatte das Unglück ihrer Familie ihrem Mann mit in die Ehe gebracht. So erwarb nicht sie einen Thron durch die Heirat, sondern Friedrich V. erhielt das Exil zur Mitgift.

Friedrich V., der in einer dunklen Nische steht, wo ihn ein Strauch fast völlig verdeckt, hat noch diese böhmische Krone auf dem Haupt, die zum Dreißigjährigen Krieg führte; aber er hat nicht mehr die beiden Hände, die nach ihr gegriffen hatten. Merkwürdig, eine schwedische Kugel hat sie ihm weggerissen.

Ludwig V., der neben ihm steht, wirkt nicht weniger finster. Man könnte meinen, er wüßte, daß sich keine Wachen mehr auf dem Paradeplatz befinden, daß der Turm *Seltenleer* leer ist, daß es in der Kapelle keine Priester mehr gibt, daß im Riesenturm keine Löwen mehr sind, daß es in Deutschland keine Kurfürsten mehr gibt und keine Pfalzgrafen mehr in Heidelberg und daß der *Dicke Turm*, den er nach dem Vorbild des Bergfrieds von Bourges errichten ließ, dem höchsten Turm Europas, nun zusammengestürzt hinter ihm

grenades, les dieux rayonnants et les déesses rougissantes souriaient sous cette pluie de bombes.

Parmi ces figures royales, qui semblent être plutôt des âmes pétrifiées que des statues, deux seulement m'ont paru avoir perdu quelque chose de leur fierté ; c'est Louis v et Frédéric v. Il est vrai qu'ils ne font pas partie de l'éclatante constellation de princes semée sur le palais de Frédéric iv. Ils sont adossés dans l'ombre à cette ruine qui a été la Grosse Tour.

Frédéric v est profondément accablé ; il semble qu'il songe à la faute qui a fait sa destinée. La couronne de Bohême, retirée par les Bohémiens du front de Ferdinand d'Autriche, avait été proposée par eux à l'électeur de Saxe, qui la refusa ; puis à Charles-Emmanuel, duc de Savoie, qui la refusa ; puis à Christian iv, roi de Danemarck, qui la refusa ; ils l'offrirent enfin au palatin Frédéric v, qui, conseillé par sa femme, prit cette couronne des deux mains. Il se fit couronner à Prague en 1619, puis la guerre éclata, et il alla mourir, errant et banni par les événements qu'il avait faits, loin de son pays. Sa femme était Élisabeth d'Angleterre, petite-fille de Marie Stuart. Elle avait apporté en dot à son mari la fatalité de sa famille. Ce n'était pas Élisabeth qui épousait un trône, c'était Frédéric v qui épousait l'exil.

Frédéric v, dans la niche obscure où une broussaille le cache presque entièrement, a encore sur la tête cette couronne de Bohême, d'où la guerre de Trente Ans est sortie ; mais il n'a plus les deux mains qui l'avaient saisie. Chose étrange, une bombe suédoise les lui a coupées.

Louis v, qui l'avoisine, n'est pas moins sombre. On dirait qu'il sait qu'il n'y a plus de gardes dans la place d'armes, que *la tour Jamais-Vide* est vide, qu'il n'y a plus de prêtres dans la chapelle, qu'il n'y a plus de lions dans la tour du Géant, qu'il n'y a plus d'électeurs en Allemagne, qu'il n'y a plus de palatins à Heidelberg, et que sa *Grosse Tour*, qu'il avait faite, après le donjon de Bourges, la plus

liegt. Traurig betrachtet er die Efeuranken, die allmählich sein Gesicht überziehen.

Dieser Dicke Turm hatte am anderen Ende des befestigten Palastes ein Pendant. Das war der *Turm Friedrichs des Siegreichen.*

Um 1455 ließ Friedrich I., der sein Schloß uneinnehmbar machen wollte, einen starken Turm über dem kleinen Tal erbauen, das ihn von den Bergen im Osten trennt. Dieser Turm war achtzig Fuß hoch aus Granitgestein errichtet und mit Eisentüren versehen. Die dem Feind zugewandte Mauer war zwanzig Fuß breit. Im Inneren ließ Friedrich drei gewaltige Batterien übereinander aufstellen und in den Gewölben zur Bedienung der Geschütze riesige Eisenringe anbringen, die heute noch dort hängen. Im Jahre 1610 erhöhte sein Großneffe, Friedrich IV., diesen großen Turm noch um ein achteckiges Stockwerk. Als dieser ungeheure Bau fertig und vollendet war, legte der erzürnte König von Frankreich seinen Daumen darauf und zerdrückte ihn wie eine Nuß.

Heute heißt der *Turm Friedrichs des Siegreichen gesprengter Turm.*[9]

Die Hälfte dieses kolossalen Zylinders aus Stein liegt in einem Graben. Weitere rissige Blöcke lösen sich von der Spitze und wären längst hinabgestürzt, doch riesige Bäume haben sie in ihre Zangen genommen und halten sie über dem Abgrund fest.

Wenige Schritte von dieser furchterregenden Ruine entfernt, hat der Zufall eine andere, zauberhafte hingeworfen; es ist der Ottheinrich-Palast, von dem ich Ihnen, lieber Louis, erst die Fassade, noch nicht das Innere gezeigt habe. Da stehen, geöffnet und jedem preisgegeben, in der Sonne, im Regen, bei Schnee und bei Wind, ohne Gewölbe, ohne Täfelung, ohne Dach, wie durch Zufall in die zerstörten Mauern eingelassen, zwölf Renaissancetüren, zwölf Kleinode der Handwerkskunst, zwölf Meisterwerke, zwölf Idyllen aus Stein, unter die sich, als habe er dieselbe Wurzel, ein wunderbarer und bezaubernder Wald von wilden Blumen mischt, die eines Pfalzgrafen würdig sind, *consule dignæ.* Ich kann Ihnen nicht sagen, was an dieser Mischung aus Kunst und Wirklichkeit so unaus-

[9] Auch Krautturm.

haute tour de l'Europe, pend écroulée derrière lui. Il regarde triste-ment le lierre qui avance peu à peu sur son visage.

Cette grosse tour avait un pendant à l'autre extrémité de ce pa-lais-forteresse. C'était *la tour de Frédéric le Victorieux.*

Vers 1455, Frédéric Ier, voulant rendre son château inexpugna-ble, fit élever une forte tour au-dessus du petit vallon qui le sépare des montagnes au levant. Cette tour était haute de quatre-vingts pieds, bâtie en granit et fermée de portes de fer. Le côté de sa mu-raille qui regardait l'ennemi avait vingt pieds de large. Frédéric fit dresser dans l'intérieur trois formidables batteries superposées, et scella dans les voûtes, pour la manœuvre des engins, d'énormes an-neaux de fer qui y pendent encore. En 1610, son arrière-petit-neveu Frédéric IV exhaussa encore cette immense tour d'un grand étage octogone. – Quand cette prodigieuse construction fut terminée et complète, le pouce du roi de France irrité se posa dessus et la fit éclater comme une noix.

Aujourd'hui *la tour de Frédéric le Victorieux* s'appelle *la tour Fendue.*

Une moitié de ce colossal cylindre de maçonnerie gît dans le fos-sé. D'autres blocs lézardés se détachent du sommet et auraient croulé depuis longtemps, mais des arbres monstrueux les ont saisis dans leurs griffes puissantes et les retiennent suspendus au-dessus de l'abîme.

À quelques pas de cette ruine effrayante, le hasard a jeté une rui-ne ravissante ; c'est l'intérieur de ce palais d'Othon-Henri dont jus-qu'ici, cher Louis, je ne vous ai montré que la façade. Il y a là, de-bout, ouvertes, livrées au premier venu, sous le soleil et sous la pluie, sous la neige et sous le vent, sans voûte, sans lambris, sans toit, percées comme au hasard dans des murs démantelés, douze portes de la Renaissance, douze joyaux d'orfèvrerie, douze chefs-d'œuvre, douze idylles de pierre, auxquelles se mêle, comme sortie des mêmes racines, une admirable et charmante forêt de fleurs sauvages dignes des palatins, *consule dignæ.* Je ne saurais vous dire ce qu'il y a d'inexprimable dans ce mélange de l'art et de la réa-

sprechlich ist; da ist Kampf und Harmonie zugleich. Die Natur, die mit Beethoven rivalisiert, rivalisiert auch mit Jean Goujon. Arabesken bilden Strauchwerk, und Sträucher bilden Arabesken. Man weiß nicht, was man bevorzugen und mehr bewundern soll, das lebendige oder das in Stein gehauene Blatt.

Ich persönlich hatte den Eindruck, als sei diese Ruine von einer göttlichen Ordnung durchdrungen. Mir scheint, daß dieser von Feen der Renaissance erbaute Palast erst jetzt in seinem natürlichen Zustand ist. All diese wundervollen Phantasien der freien und ungezähmten Kunst dürften sich in diesen Sälen nicht wohlgefühlt haben, als man dort Frieden oder Krieg besiegelte, als die finsteren Fürsten dort träumten, als man dort Königinnen heiratete, als man dort deutsche Kaiser „machte". Konnten diese Vertumnen, Pomonas und Ganymeds etwas von den Gedanken begreifen, wie sie Friedrich IV. hegte oder Friedrich V., „von Gottes Gnaden Pfalzgraf bei Rhein, des heyligen Römischen Reichs Ertzdruchses und Churfürst. Hertzog in Nider und Obern Baiern"? Ein großer Herr schlief in diesem Raum unter einem herzoglichen Baldachin mit einer Königstochter; jetzt ist hier weder ein Herr noch eine Königstochter noch ein Baldachin noch eine Zimmerdecke; die Zaunwinde bewohnt ihn, und wilde Pfefferminze hüllt ihn in ihren Duft. Das ist gut so. Es ist besser so. Diese bewundernswerten Skulpturen sind geschaffen, um von Blumen geküßt und von den Sternen betrachtet zu werden.

Die gerechte und heilige Natur feiert dieses Werk, dessen Schöpfer die Menschen vergessen haben.

Außer einer unzählbaren Menge von Bassins, Grotten und Springbrunnen, Pavillons und Triumphbögen, außer der Kapelle, die dem heiligen Udalrich geweiht und von Julius III. als erste deutsche Kapelle errichtet worden ist;

Außer dem großen Paradeplatz;

den beiden Arsenalen,

dem Ballhaus des Grafen Karl,

der Löwenmenagerie,

der Voliere,

dem Vogelhaus,

lité ; c'est à la fois une lutte et une harmonie. La nature, qui rivalise avec Beethoven, rivalise aussi avec Jean Goujon. Les arabesques font des broussailles, les broussailles font des arabesques. On ne sait laquelle choisir et laquelle admirer le plus, de la feuille vivante ou de la feuille sculptée.

Quant à moi, cette ruine m'a paru pleine d'un ordre divin, il me semble que ce palais, bâti par les fées de la Renaissance, est maintenant dans son état naturel. Toutes ces merveilleuses fantaisies de l'art libre et farouche devaient être mal à l'aise dans ces salles quand on y signait la paix ou la guerre, quand de sombres princes y rêvaient, quand on y mariait des reines, quand on y ébauchait des empereurs d'Allemagne. Est-ce que ces Vertumnes, ces Pomones et ces Ganymèdes pouvaient comprendre quelque chose aux idées qu'ils voyaient sortir de la tête de Frédéric iv ou v, par la grâce de Dieu, comte palatin du Rhin, vicaire du Saint-Empire romain, électeur, duc de Haute et Basse-Bavière ? Un grand seigneur couchait dans cette chambre avec une fille de roi sous un baldaquin ducal ; maintenant il n'y a plus ni seigneur, ni fille de roi, ni baldaquin, ni plafond dans cette chambre ; le liseron l'habite et la menthe sauvage la parfume. C'est bien. C'est mieux. Ces adorables sculptures ont été faites pour être baisées par les fleurs et regardées par les étoiles.

La nature, juste et sainte, fait fête à cette œuvre dont les hommes ont oublié l'ouvrier.

Outre une quantité innombrable de bassins, de grottes et de fontaines, de pavillons et d'arcs de triomphe, outre la chapelle consacrée à saint Udlarich, et érigée par Jules iii en première chapelle de l'Allemagne ;

Outre la grande place d'armes,

Les deux arsenaux,

Le jeu de balle de l'électeur Charles,

La ménagerie des lions,

La volière,

La maison des oiseaux,

dem Haus für die Mauser der Falken,
der großen Kanzlei,
dem von vier Türmchen flankierten Münzhaus
umfaßte das Heidelberger Schloß acht Paläste von acht Fürsten aus acht verschiedenen Epochen, die es zu einer großartigen Einheit zusammenschloß:

den Palast des Pfalzgrafen Rudolf I. aus dem 14. Jahrhundert;
den Palast des Kaisers Ruprecht aus dem 15. Jahrhundert;
die Paläste Ludwigs V., Friedrichs II. und Ottheinrichs aus dem 16. Jahrhundert;
die Paläste Friedrichs IV., Friedrichs V. und Elisabeths aus dem 17. Jahrhundert.

Die Schloßruine setzt sich heute aus all diesen Trümmern zusammen.

Abgesehen von den Türmchen, kleinen Pavillons und Treppenhauskuppeln. Im Inneren hatte das Schloß neun Außentürme:

das Karlstor,
das Rondell,
den Dicken Turm,
den Turm Friedrichs des Siegreichen,
den Turm *Seltenleer*,
den Verbindungsturm,
den Riesenturm,
den achteckigen Turm

und den Bibliotheksturm, der die heute im Vatikan befindliche *Bibliotheca Palatina* enthielt und dessen griechische Manuskripte und byzantinische Meßbücher im Jahre 1622 in Ermangelung von Stroh den Pferden der kaiserlichen Armee als Streu dienten.

Fünf dieser Türme stehen noch:

der Bibliotheksturm,
der achteckige Turm,
der Dicke Turm,
der gesprengte Turm

und der Riesenturm, der einzige quadratische unter ihnen.

Seltsames Geschick! Dieser erstaunliche Palast, der Schauplatz von Festen und Kriegen war, in dem die Grafen bei Rhein und die

La maison du plumage,

La grande chancellerie,

L'hôtel des monnaies, flanqué de quatre tourelles,

Le château de Heidelberg contenait et soudait, dans sa magnifique unité, huit palais de huit princes et de huit époques différentes

Un du quatorzième siècle, le palais du pfalzgraf Rodolphe Ier ;

Un du quinzième siècle, le palais de l'empereur Rupert ;

Trois du seizième : le palais de Louis V, le palais de Frédéric II, et le palais d'Othon-Henri ;

Trois du dix-septième : le palais de Frédéric IV, le palais de Frédéric V, et le palais d'Élisabeth.

Sa ruine se compose aujourd'hui de toutes ces ruines.

Sans compter les tourelles, les gloriettes et les lanternes-escaliers du dedans, il y avait neuf tours extérieures :

La tour Charles ;

La Rondelle ;

La Grosse Tour ;

La tour de Frédéric le Victorieux ;

La tour Jamais-Vide ;

La tour de Communication ;

La tour du Géant ;

La tour Octogone ;

Et cette tour de la Librairie qui a renfermé la *Bibliothèque palatine* du Vatican, et dont en 1622 les manuscrits grecs et les missels byzantins servirent de litière, faute de paille, aux chevaux de l'armée impériale.

Cinq de ces tours subsistent encore :

La tour de la Librairie ;

La tour Octogone ;

La Grosse Tour ;

La tour Fendue ;

Et la tour du Géant, la seule qui soit carrée.

Bizarre destinée ! ce prodigieux palais, qui a été le théâtre des fêtes et des guerres, qui a été la demeure des comtes du Rhin et des

Herzöge von Bayern, die Könige von Böhmen und deutsche Kaiser wohnten, ist heute nur ein kunstvolles Behältnis für ein Faß.

Das Untergeschoß von Tournus ist eine Kirche, das Untergeschoß von Saint-Denis eine Grablege, das Untergeschoß des Heidelberger Schlosses ist ein Weinkeller.

Wenn man diese grandiosen Trümmer durchschritten hat, diesen epischen Verfall, diese zerstörten Wappensäle, diese Paläste voller Moos, Gestrüpp, Schatten und Vergessen, diese Türme, die wie trunkene Männer schwankten und wie erschlagene Männer fielen, diese weiten Höfe, wo vor knapp zweihundert Jahren die Landsknechte mit erhobenen Piken an den Freitreppen standen, wenn man dieses ganze große Bauwerk und damit diese ganze große Geschichte durchschritten hat, kommt einem ein Mann mit einer Laterne entgegen, öffnet eine niedrige Tür, zeigt einem eine finstere Treppe und bedeutet einem hinabzusteigen. Man steigt hinunter, das Gewölbe ist dunkel, in der Krypta herrscht andächtige Stille. Die Kellerfenster lassen ein frommes Dämmerlicht herein, man schaut sich nach den Gräbern der Pfalzgrafen um und erblickt ein dickes Faß, eine Phantasie Pantagruels, einen Thron für ein ungeheures Bacchanal. Wenn man dieses merkwürdige Ding sieht, glaubt man, in der Finsternis dieser Ruine das schallende Gelächter Gargantuas zu vernehmen.

Das große Faß im Heidelberger Schloß nimmt sich aus wie Rabelais in der Welt Homers.

Das große Faß, das da in dem geräumigen Keller, der es beherbergt, auf dem Bauch liegt, bietet den Anblick eines Schiffs auf dem Dock. Sein Durchmesser mißt vierundzwanzig Fuß, seine Länge dreiunddreißig. Auf seiner Vorderseite trägt es ein Zierschild mit dem Monogramm des Kurfürsten Karl-Theodor. Zwei Treppen mit zwei Absätzen schlängeln sich an den Seiten zu der Plattform auf dem Rücken des Fasses hinauf. Es faßt zweihundertsechsunddreißig Fuder, jedes Fuder enthält zwölfhundert Doppelflaschen, so daß in dem Heidelberger Faß fünfhundertsechsundsechzigtausendvierhundert normale Flaschen Wein Platz finden. Es wurde durch ein Loch am Rand über dem Spundloch gefüllt und mit einer Pumpe entleert, die noch an der Wand hängt. Dieses monströse

ducs de Bavière, des rois de Bohême et des empereurs d'Allemagne, n'est plus aujourd'hui que l'enveloppe compliquée d'un tonneau.

Le souterrain de Tournus est une église, le souterrain de Saint-Denis est un sépulcre, le souterrain de Heidelberg est une cave.

Quand on a traversé ces décombres grandioses, cet écroulement épique, ces salles d'armes démolies, ces palais pleins de mousses, de ronces, d'ombre et d'oubli, ces tours qui ont chancelé comme des hommes ivres et qui sont tombées comme des hommes morts, ces vastes cours où il y a deux cents ans à peine le lansquenet se tenait debout sur le perron, la pique haute, tout ce grand édifice et toute cette grande histoire, un homme vient à vous avec une lanterne, ouvre une porte basse, vous montre un escalier sombre, et vous fait signe de descendre. On descend, la voûte est obscure, la crypte est recueillie, les soupiraux jettent un demi-jour religieux. On s'attend aux tombeaux des palatins, on trouve une grosse tonne, une fantaisie pantagruélique, un trône pour un Ramponneau colossal. Quand on aperçoit cette chose étrange, on croit entendre dans les ténèbres de cette ruine l'immense éclat de rire de Gargantua.

Le Gros Tonneau dans le manoir de Heidelberg, c'est Rabelais logé chez Homère.

Le Gros Tonneau, couché sur le ventre dans la vaste cave qui l'abrite, présente l'aspect d'un navire sous la cale. Il a vingt-quatre pieds de diamètre et trente-trois pieds de long. Il porte à sa face antérieure un écusson-rocaille où est sculpté le chiffre de l'électeur Charles-Théodore. Deux escaliers à deux étages serpentent à l'entour et montent jusqu'à une plate-forme posée sur son dos, il contient deux cent trente-six foudres, chaque foudre contient douze cents doubles bouteilles ; d'où il suit qu'il y a dans la grosse tonne de Heidelberg cinq cent soixante-six mille quatre cents bouteilles ordinaires. On la remplissait par un trou percé dans la voûte au-dessus de la bonde, et on la vidait avec une pompe qui est encore là suspendue au mur. Cette futaille monstre a été pleine trois fois de

Faß ist dreimal mit Rheinwein gefüllt worden. Als es zum erstenmal geschah, hat der Kurfürst mit seinem Hofstaat oben auf der Plattform getanzt. Seit 1770 steht es leer.

Der Wein soll darin an Qualität gewonnen haben.

Übrigens ist dies nicht das alte Heidelberger Faß, das Graf Johann-Kasimir 1595 anfertigen und mit sonderbaren Skulpturen versehen ließ, um irgendeine Wiederversöhnung zwischen Lutherischen und Calvinisten zu feiern. Karl-Theodor hat es um 1750 zerstören lassen, um es durch dieses größere, aber weniger verzierte Faß zu ersetzen.

Außer diesem großen Faß beherbergten die Keller des pfälzischen Schlosses, die sich in ihren Tiefen nach allen Seiten wie Höhlen öffnen, die sogenannten kleinen Fässer, die kaum halb so hoch waren wie ein Geschoß und von denen es zehn oder zwölf gab. Nur eines ist erhalten geblieben, das man mir in seinem Raum neben dem großen Faß gezeigt hat. Es faßte gerade einmal ein Fünftel von dessen Inhalt. Es ist ein schönes Stück aus Eichenholzdauben, das zu Zeiten Ludwigs XIII. entstanden und von den Pfalzgrafen mit dem Wappen von Bayern und drei Löwenköpfen an seinen Stirnseiten verziert worden ist, von den französischen Soldaten hingegen mit einigen Axthieben. Das war im Jahre 1799. Das Faß war voller Rheinwein, unsere Soldaten wollten es aufschlagen. Das Faß hielt stand. Sie hatten die Schloßmauern eingerissen, ein Loch in das Faß zu hauen gelang ihnen nicht.

Dieses kleine Faß ist seit 1800 leer.

Bewegt man sich in dem Schatten, den das große Faß wirft, bemerkt man hinter den Planken, die es abstützen, eine einzigartige Holzstatue, auf die vom Fenster her ein bleiches Licht fällt. Sie stellt einen kleinen, grotesk herausgeputzten, leutseligen Greis dar, neben dem an einem Nagel eine grobförmige Uhr hängt. Unten an der Uhr hängt eine Schnur heraus, wenn man daran zieht, öffnet sich die Uhr plötzlich und gibt einen Fuchsschwanz frei, der einem ins Gesicht schlägt. Der kleine Greis ist ein Hofnarr; die Uhr seine Posse.

Dies ist das einzige, was im Heidelberger Schloß noch Leben zeigt und sich bewegt, der Schabernack eines Hofnarren. Oben in

vin du Rhin. La première fois qu'elle fut remplie, l'électeur dansa avec sa cour sur la plate-forme qui la surmonte. Depuis 1770 elle est vide.

Le vin s'y améliorait.

Au reste, cette tonne n'est pas l'ancien Gros Tonneau de Heidelberg, couvert de si curieuses sculptures et construit en 1595, par l'électeur Jean-Casimir, pour solenniser je ne sais quelle réconciliation de luthériens et de calvinistes. Charles-Théodore l'a fait démolir vers 1750 pour bâtir celui-ci, qui est plus grand mais moins orné.

Outre le Gros Tonneau, les caveaux du château palatin, dont les profondeurs s'ouvrent de toutes parts comme des antres, renfermaient ce qu'on appelait les petits tonneaux. Ces petits tonneaux n'avaient guère que la hauteur d'un premier étage. Il y en avait dix ou douze. Il n'en reste plus qu'un, qu'on m'a montré dans sa cellule à quelques pas de la grande tonne. Il ne contenait que le cinquième du gros tonneau. C'est un fort bel assemblage de douves en bois de chêne, fabriqué au temps de Louis XIII, orné par les électeurs palatins de l'écusson de Bavière et de trois têtes de lions sur chacune de ses faces, et, par les soldats français, de quelques coups de hache C'était en 1799. Le tonneau était plein de vin du Rhin, nos soldats voulurent l'enfoncer. Le tonneau tint bon. Ils avaient brisé les murailles de la citadelle, ils ne purent faire brèche au tonneau.

Ce petit tonneau est vide depuis 1800.

En se promenant dans l'ombre que jette la grosse Tonne, on aperçoit tout à coup, derrière des madriers qui l'étançonnent, une singulière statue de bois sur laquelle un soupirail jette un rayon blafard. C'est une espèce de petit vieillard jovial, grotesquement accoutré, à côté duquel une grossière horloge pend accrochée à un clou. Une ficelle sort de dessous cette horloge, vous la tirez, l'horloge s'ouvre brusquement, et laisse échapper une queue de renard qui vient vous frapper le visage. Ce petit vieillard, c'est un bouffon de cour ; cette horloge, c'est sa bouffonnerie.

Voilà la seule chose qui palpite et remue encore dans le château de Heidelberg, la farce d'un bouffon de roi. Là-haut, dans les dé-

den Trümmern hat Karl der Große keinen Reichsapfel mehr, Friedrich der Siegreiche hat keinen Turm mehr, der König von Böhmen keinen Arm, Friedrich II. fehlt der Kopf, und Friedrich V. wurde der Reichsapfel in der Hand durch eine Kanonenkugel zerschmettert – auch sie eine Art von Reichsapfel; alles ist zerfallen, alles ist vorbei, alles ist erloschen, bis auf diesen Possenreißer. Er ist noch vorhanden, er steht da, holt Luft und sagt: – Hier bin ich! Er hat sein blaues Gewand an, seine extravagante Weste und seine grün-rote Narrenkappe auf; er schaut einen an, hält einen auf, zieht einen am Ärmel, macht seinen groben, dummen Scherz und lacht einen aus. Was nach meinem Empfinden in dieser Heidelberger Ruine am schauerlichsten und bittersten ist, das sind nicht all die toten Fürsten und Könige, sondern dieser lebendige Possenreißer.

Er war der Narr des Grafen Karl-Philipp. Er hieß PERKEO. Er war wie die Statue drei Fuß und sechs Zoll groß. Sein Name ist unter dem Standbild eingraviert. Er hat täglich fünfzehn Doppelflaschen Rheinwein getrunken. Darin bestand sein Talent. Er hat um 1710 den bayerischen Kurfürsten und den deutschen Kaiser, nichts als flüchtige Schatten, viel zum Lachen gebracht.

Eines Tages, als mehrere fremde Fürsten in der Pfalz weilten, maß man Perkeo an einem der Langen Kerle Friedrichs I. von Preußen, der mit seinen hochhackigen Stiefeln und seinem riesigen Federhelm die Palasttreppe nur rückwärts hinuntergehen konnte. Der Narr war kaum größer als der Stiefel des Grenadiers. *Das löste starkes Gelächter aus*, berichtet ein zeitgenössischer Chronist. Arme Fürsten einer verfallenden Epoche! Sie beschäftigten sich mit Zwergen und Riesen und vergaßen darüber die Menschen!

Wenn Perkeo seine fünfzehn Flaschen nicht getrunken hatte, wurde er ausgepeitscht.

Hinter der grinsenden Heiterkeit dieses Elenden steckte zwangsläufig Sarkasmus und Verachtung. Die Fürsten in ihrem Taumel merkten das nicht. Der strahlende Glanz des pfälzischen Hofes überdeckte den Schimmer des Hasses, der dieses Gesicht zuweilen erhellte; heute jedoch, im Schatten der Ruinen, leuchtet er wieder auf und läßt die geheimen Gedanken des Narren erahnen.

combres, Charlemagne n'a plus de sceptre, Frédéric le Victorieux n'a plus de tour, le roi de Bohême n'a plus de bras, Frédéric II n'a plus de tête, le royal globe de Frédéric V a été brisé dans sa main par un boulet, cet autre globe royal ; tout est tombé, tout a fini, tout s'est éteint, hormis ce bouffon. Il est encore là, lui, il est debout, il respire, il dit : – Me voici ! il a son habit bleu, son gilet extravagant, sa perruque de fou mi-partie verte et rouge ; il vous regarde, il vous arrête, il vous tire par la manche, il vous fait sa grosse pasquinade stupide, et il vous rit au nez. À mon sens, ce qu'il y a de plus lugubre et de plus amer dans cette ruine de Heidelberg, ce ne sont pas tous ces princes et tous ces rois morts, c'est ce bouffon vivant.

C'était le fou du palatin Charles-Philippe. Il s'appelait Perkeo. Il était haut de trois pieds six pouces, comme sa statue, au-dessous de laquelle son nom est gravé. Il buvait quinze doubles bouteilles de vin du Rhin par jour. C'était là son talent. Il faisait beaucoup rire, vers 1710, l'électeur palatin de Bavière et l'empereur d'Allemagne, ces ombres qui passaient alors.

Un jour que plusieurs princes étrangers étaient chez le palatin, on mesura Perkeo à l'un de ces grands grenadiers de Frédéric Ier, roi de Prusse, lesquels, bottés à talons hauts et coiffés de leurs immenses bonnets à poil, étaient obligés de descendre les escaliers des palais à reculons. Le fou dépassait à peine la botte du grenadier. *Cela fit très fort rire,* dit un narrateur du temps. Pauvres princes d'une époque décrépite, occupés de nains et de géants, et oubliant les hommes !

Quand Perkeo n'avait pas bu ses quinze bouteilles, on le fouettait.

Au fond, dans la gaieté grimaçante de ce misérable il y avait nécessairement du sarcasme et du dédain. Les princes, dans leur tourbillon, ne s'en apercevaient pas. Le rayonnement splendide de la cour palatine couvrait les lueurs de haine qui éclairaient par instants ce visage ; mais aujourd'hui, dans l'ombre de ces ruines, elles repa-

Der Tod, der über dieses Lachen hinweggegangen ist, hat die Posse fortgewischt und nichts als Ironie übriggelassen.

Die Statue Perkeos scheint die Statue Karls des Großen zu verspotten.

Man sollte sich Perkeo kein zweites Mal ansehen. Beim ersten Mal stimmt er traurig, beim zweiten Mal erschreckt er einen. Nichts ist düsterer als dieses starre Lachen. In dem verlassenen Palast, neben dem leeren Faß, denkt man an diesen armen Narren, der von seinen Herren geschlagen wurde, wenn er nicht betrunken war, und dann jagt einem diese häßlich-fröhliche Maske Angst ein. Denn dies ist nicht mehr das Lachen eines spottenden Narren, es ist das Grinsen eines Dämons, der Rache übt. In dieser Ruine voller Geister ist auch Perkeo ein Gespenst.

Verzeihen Sie lieber Louis, wenn ich die Gelegenheit zu einer Abschweifung wahrnehme, aber in bezug auf Gespenster könnte ich Ihnen viel erzählen. Wie es heißt, gibt es welche im Heidelberger Schloß, und zwar viele. Sie wandeln hier in Vollmond- und Gewitternächten umher. Manchmal ist es Jutha, die Frau des Frankenherzogs Anthysius, die sich bleich, mit der Krone auf dem Haupt, unter die kleinen Spitzbögen des Pavillons von Ludwig dem Bärtigen setzt. Manchmal sind es zwei Freischöppen, zwei schwarze Ritter, die man zu der Statue Jupiters auf dem unerreichbaren Fries am Palast Ottheinrichs marschieren sieht. Dann wieder sind es bucklige Musikanten, vertraute Dämonen, die in den Gewölben der Kapelle satanische Weisen pfeifen. Oder es ist die Weiße Dame, die unter den Gewölben umhergeht und deren Stimme man vernimmt. Diese Weiße Dame ist, wie überliefert wird, im Jahre 1655 im Rittersaal Ottheinrichs dem Grafen von Zweibrücken erschienen und hat ihm den Untergang der Pfalz vorausgesagt. Zu Zeiten der Pfalzgrafen zeigte sie sich jedesmal, wenn ein Herrscher des Landes sterben mußte. Zu den Großherzögen von Baden kehrt sie nicht zurück. Sie scheint den Vertrag von Lunéville nicht anzuerkennen.

Ja, lieber Louis, das sind also die Teufel, denen die Besucher in diesem alten Schloß nachspüren. Ich persönlich muß zugeben, daß ich keine anderen Teufel und nicht einmal Touristen gesehen habe,

raissent ; elles font lire distinctement la pensée secrète du bouffon. La mort, qui a passé sur ce rire, en a ôté la facétie et n'y a laissé que l'ironie.

Il semble que la statue de Perkeo raille celle de Charlemagne.

Il ne faut pas retourner voir Perkeo. La première fois il attriste, la seconde fois il effraie. Rien de plus sinistre que le rire immobile. Dans ce palais désert, près de ce tonneau vide, on songe à ce pauvre fou battu par ses maîtres quand il n'était pas ivre, et ce masque hideusement joyeux fait peur. Ce n'est même plus le rire d'un bouffon qui se moque, c'est le ricanement d'un démon qui se venge. Dans cette ruine pleine de fantômes, Perkeo aussi est un spectre.

Pardon, cher Louis, si je profite de la transition ; mais, à propos de fantômes, je puis bien vous parler de revenants. Il y en a, dit-on, et beaucoup, dans le manoir de Heidelberg. Ils s'y promènent dans les nuits de pleine lune et dans les nuits d'orage. Tantôt c'est Jutha, la femme d'Anthyse, duc des Francs, qui s'assied, pâle et couronnée, sous les petites ogives de la gloriette de Louis le Barbu. Tantôt ce sont les deux francs-juges, deux chevaliers noirs qu'on voit marcher à côté de la statue de Jupiter sur la frise inaccessible du palais d'Othon-Henri. Tantôt ce sont les musiciens bossus, démons familiers qui sifflent des airs sataniques dans les combles de la chapelle. Tantôt c'est la Dame Blanche qui passe sous les voûtes, et dont on entend la voix. C'est cette dame blanche qui apparut, dit-on, en 1655 dans le rittersaal d'Othon-Henri au comte Frédéric de Deux-Ponts et lui prédit la chute du Palatinat. Du temps des palatins, elle se montrait chaque fois qu'un des souverains du pays devait mourir. Elle ne revient pas pour les grands-ducs de Bade. Il paraît qu'elle ne reconnaît point le traité de Lunéville.

Voilà, cher Louis, les diables que les touristes cherchent dans ce vieux palais. Quant à moi, je dois en convenir, je n'y ai vu d'autres diables, et même d'autres touristes, qu'un jour, vers midi, deux de

als zwei dieser riesigen Kaminkehrer aus dem Schwarzwald, die eines Tages gegen Mittag als Künstler und Kenner den phänomenalen pfälzischen Kamin besichtigten, sich dafür begeisterten und in ihrer schwarzen Kleidung, mit ihren weißen Zähnen und dem weiten Umhängemantel, mit dem sie hantierten, wie zwei große Fledermäuse aus dem *Odéon* aussahen, die in den Heidelberger Ruinen *Robin Hood* inszenierten.[10]

Keine Art von Verwüstung ist diesem Schloß erspart geblieben. Bisher habe ich Ihnen von Tilly erzählt, vom Marschall von Lorges, vom Grafen von Birkenfeld, vom deutschen Kaiser und vom König von Frankreich, den großen Verwüstern. Von den kleinen habe ich nicht gesprochen. Wenn man die Spur der Löwen verfolgt, gewahrt man nicht die der Ratten. Dennoch hat Heidelberg seine Ratten gehabt. Diese unbedeutenden Zerstörer, die offiziellen Architekten, haben sich auf dieses Gebäude gestürzt, als stünde es in Frankreich, als sei es in Paris. Invaliden, die dort gewohnt haben, verfolgten das alte Bauwerk mit ihrem Haß Ruine für Ruine. Sie haben zwei von vier Türgiebeln im Schlafzimmer Ottheinrichs völlig demoliert. Engländer haben mit dem Hammer die Karyatiden-Pilaster im Speisesaal abgeschlagen, um sie mitzunehmen. Ein Baumeister, der den Auftrag hatte, eine Wasserleitung von Heidelberg nach Mannheim zu legen, hat die Gewölbe des Rittersaals eingerissen, um aus den Steinen Zement für sein Aquädukt zu machen. Sie erinnern sich, daß unser Gittertor an der Place Royale, ein kostbares und vollständig erhaltenes Dokument der Schmiedekunst des 17. Jahrhunderts, dieses schöne alte Gittertor, von dem Madame de Sévigné spricht, das die *Vögel des Hôtel des Tournelles* vorbeifliegen sah, durch das sich Corneille auf dem Weg zu Marion de Lorme und Molière auf dem Weg zu Ninon de Lenclos gedrückt hatten, in diesem Jahr vor meiner Haustür zu fünf Sous das Pfund verkauft worden ist. Nun, die Trottel, die diese Dummheit begangen haben, hatten sie nicht einmal erfunden. Die Schöpfer dieser Dummheiten saßen in Heidelberg; unsere Trottel waren nur Pla-

---

[10] Victor Hugo hat im Odéon eine Inszenierung des *Freischütz* gesehen, die unter dem Titel „Robin des Bois" („Robin Hood") aufgeführt wurde.

ces immenses ramoneurs de la Forêt-Noire, lesquels étaient venus visiter en artistes et en connaisseurs la phénoménale cheminée des palatins, et s'extasiaient dessous, et qui, tout noirs, avec leurs dents blanches, agitant de leurs deux bras ce vaste manteau qu'ils portent en châle, avaient l'air de deux grandes chauves-souris de l'Odéon mettant en scène Robin des Bois dans les ruines de Heidelberg.

Aucun genre de dévastation n'a manqué à ce château. Jusqu'ici je vous ai parlé de M. de Tilly, du comte de Birkenfeld, du maréchal de Lorges, de l'empereur d'Allemagne et du roi de France, des grands démolisseurs. Je ne vous ai rien dit des petits. Quand on regarde la trace des lions, on n'aperçoit pas celle des rats. Heidelberg a eu pourtant ses rats. Les ravageurs infimes, les architectes officiels, se sont rués sur ce monument comme s'il était en France, comme s'il était à Paris. Des invalides qu'on y avait logés ont mutilé le vieil édifice avec une haine de ruine à ruine. Ils ont complètement démoli deux frontons sur quatre dans la chambre à coucher d'Othon-Henri. Des Anglais ont brisé à coups de marteau pour les emporter les cariatides-pilastres de la salle à manger. Un architecte, chargé de construire un conduit d'eau de Heidelberg à Mannheim, a jeté bas les voûtes de la salle des Chevaliers afin de faire avec les briques du ciment pour ses aqueducs. Vous vous souvenez que notre grille de la place Royale, monument rare et complet de la serrurerie du dix-septième siècle, cette bonne vieille grille dont parle Mme de Sévigné, qui avait vu passer *les oiseaux des Tournelles,* qu'avaient coudoyée Corneille allant chez Marion de Lorme et Molière allant chez Ninon de Lenclos, a été vendue cette année, devant ma porte, *cinq sous la livre.* Eh bien, cher Louis, les niais quelconques qui ont fait cette bêtise ne l'ont pas même inventée. Les niais créateurs de la chose étaient de Heidelberg ; eux ne sont que les niais plagiaires.

giatoren. An der Freitreppe des Ottheinrich-Palastes befand sich ein wunderbares Renaissance-Geländer. Städtische Architekten ließen es *nach Gewicht und zu mindestens sechs Heller das Pfund* veräußern. Ich zitiere das nach dem Marktbericht. Was sagen Sie dazu? Diese sechs Heller sind gut unsere fünf Sous wert.

Sicher haben Sie mich auf dem Hügel des Kleinen Gaisbergs vergessen, auf dem ich war, als ich mich daranmachte, vom Heidelberger Schloß zu erzählen; ich selbst habe mich dort vergessen, so sehr war ich in tiefe Träumerei versunken. Es war Nacht geworden, Wolken waren am Himmel aufgezogen, der Mond stand fast im Zenit, und ich saß noch immer auf demselben Stein, sah in die Dunkelheit um mich herum und auf die Schatten in mir selbst. Plötzlich schlug der Stadtturm unter mir die Stunde, es war Mitternacht; ich erhob mich und stieg hinab. Der Weg nach Heidelberg führt an den Ruinen entlang. Als ich dort ankam, warf der Mond, von leichten Wolken verschleiert und von einem riesigen Hof umgeben, ein gespenstisches Licht auf diesen prachtvollen Trümmerhaufen. Jenseits des Grabens, dreißig Schritt von mir entfernt inmitten eines ausgedehnten Buschwerks, erschien mir der gesprengte Turm, dessen Inneres ich sehen konnte, nun wie ein riesiger Totenkopf. Ich erkannte die Nasenhöhlen, die Gaumenöffnung, die doppelte Arkade der Brauen, die tiefe und erschreckende Höhlung der erloschenen Augen. Der große Mittelpfeiler mit seinem Kapitell bildete die Nasenwurzel. Zerfallene Trennwände glichen den Knorpeln. Und unten am Berghang verkörperten eingestürzte Mauervorsprünge auf erschreckende Weise die Kiefer. In meinem ganzen Leben habe ich nie etwas Melancholischeres gesehen als diesen großen Totenkopf der dem großen Nichts, Pfalzgrafenschloss genannt, aufgesetzt war.

Die ständig zugängliche Ruine liegt zu dieser Stunde verlassen da. Mir kam der Gedanke hineinzugehen. Die beiden Steinriesen, die den eckigen Turm bewachen, ließen mich passieren. Ich trat durch den schwarzen Torbogen, unter dem noch immer das alte Eisengatter hängt, und gelangte in den Hof. Der Mond war fast hinter den Wolken verschwunden. Vom Himmel drang nur ein bleicher Schimmer herab.

Il y avait autour du perron d'Othon-Henri une admirable rampe de fer de la Renaissance. Les architectes de la ville l'ont fait vendre *au poids et à moins de six liards la livre.* Je cite le texte même du marché. Qu'en dites-vous ? Ces six liards-là valent bien nos cinq sous.

Vous m'avez oublié sans doute sur la colline du petit Geissberg, où j'étais quand je me suis mis à vous parler du château de Heidelberg ; et je m'y suis oublié moi-même, tant j'y avais été saisi d'une rêverie profonde. La nuit était venue, des nuées s'étaient répandues sur le ciel, la lune était montée presque au zénith que j'étais encore assis sur la même pierre, regardant les ténèbres que j'avais autour de moi et les ombres que j'avais en moi. Tout à coup le clocher de la ville a sonné l'heure sous mes pieds, c'était minuit, je me suis levé et je suis redescendu. Le chemin qui mène à Heidelberg passe devant les ruines. Au moment où j'y arrivais, la lune, voilée par des nuages diffus et entourée d'un immense halo, jetait une clarté lugubre sur ce magnifique amas d'écroulements. Au-delà du fossé, à trente pas de moi, au milieu d'une vaste broussaille, la tour Fendue, dont je voyais l'intérieur, m'apparaissait comme une énorme tête de mort. Je distinguais les fosses nasales, la voûte du palais, la double arcade sourcilière, le creux profond et terrible des yeux éteints. Le gros pilier central avec son chapiteau était la racine du nez. Des cloisons déchirées faisaient les cartilages. En bas, sur la pente du ravin, les saillies du pan de mur tombé figuraient affreusement la mâchoire. Je n'ai de ma vie rien vu de plus mélancolique que cette grande tête de mort posée sur ce grand néant qui s'appelle le château des Palatins.

La ruine, toujours ouverte, est déserte à cette heure. L'idée m'a pris d'y entrer. Les deux géants de pierre qui gardent la tour Carrée m'ont laissé passer. J'ai franchi le porche noir sous lequel pend encore la vieille herse de fer et j'ai pénétré dans la cour. La lune avait presque disparu sous les nuées. Il ne venait du ciel qu'une clarté blême.

Nichts ist größer, Louis, als verfallene Pracht. Die Ruine strahlte unter dieser Beleuchtung und zu dieser Stunde eine unaussprechliche Trauer, Lieblichkeit und Erhabenheit aus. Ich glaubte, im Rascheln der kaum erkennbaren Bäume und Sträucher irgend etwas Ernstes und Respektvolles zu spüren. Ich vernahm keine Schritte, keine Stimme, keinen Hauch. Hier im Hof gab es weder Schatten noch Licht; eine Art verträumter Dämmerung formte alles, erhellte alles und verschleierte alles. Durch das Gewirr von Lücken und Spalten fielen bis in die finstersten Ecken schwache Mondstrahlen hinein; und in den schwarzen Tiefen sah ich unter den unerreichbaren Gewölben und Gängen sich langsam bewegende weiße Formen.

Es war die Stunde, da die Fassaden der alten verlassenen Gebäude keine Fassaden mehr sind, sondern Gesichter.

Ich schritt auf dem unebenen und holprigen Pflaster weiter, wobei ich nicht wagte, ein Geräusch zu machen, und ich empfand zwischen den vier Außenmauern diese merkwürdige Beklemmung, dieses undefinierbare Gefühl, das die Alten *panikós phóbos*, den panischen Schrecken, nannten. Es liegt etwas unüberwindbar Erschreckendes in allem Finsteren, das sich mit Erhabenem paart.

Dennoch stieg ich die grünen und feuchten Stufen der alten geländerlosen Freitreppe hinauf und betrat den Palast Ottheinrichs, dem das Dach fehlt. Sie werden vielleicht lachen; aber ich versichere Ihnen, daß es einem Schauder einflößt, wenn man nachts durch Räume geht, die von Menschen bewohnt waren, deren Türen verziert sind und die noch ihre ursprüngliche Bestimmung erkennen lassen, so daß man sich sagt: – Dies ist der Speisesaal, dies das Schlafzimmer, dies der Alkoven, dies ist der Kamin – und wenn man dabei das Gras unter den Füßen verspürt und über seinem Kopf den Himmel erblickt, packt einen das Grauen. Ein Zimmer, das noch die Gestalt eines Zimmers hat und dessen Decke von unsichtbarer Hand entfernt wurde, ist wie der Deckel von einer Schachtel, wird zu einem gespenstischen und namenlosen Gegenstand. Das ist kein Haus mehr und noch kein Grab. In einem Grabmal spürt man die Seele des Menschen, hier spürt man seinen Schatten.

Louis, rien n'est plus grand que ce qui est tombé. Cette ruine, éclairée de cette façon, vue à cette heure, avait une tristesse, une douceur et une majesté inexprimables. Je croyais sentir dans le frissonnement à peine distinct des arbres et des ronces je ne sais quoi de grave et de respectueux. Je n'entendais aucun pas, aucune voix, aucun souffle. Il n'y avait dans la cour ni ombres, ni lumières ; une sorte de demi-jour rêveur modelait tout, éclairait tout et voilait tout. L'enchevêtrement des brèches et des crevasses laissait arriver jusqu'aux recoins les plus obscurs de faibles rayons de lune ; et dans les profondeurs noires, sous des voûtes et des corridors inaccessibles, je voyais des blancheurs se mouvoir lentement.

C'était l'heure où les façades des vieux édifices abandonnés ne sont plus des façades, mais des visages.

Je m'avançais sur le pavé inégal et montueux sans oser faire de bruit, et j'éprouvais entre les quatre murs de cette enceinte cette gêne étrange, ce sentiment indéfinissable que les anciens appelaient l'horreur des bois sacrés. Il y a une sorte de terreur insurmontable dans le sinistre mêlé au superbe.

Cependant j'ai gravi les marches vertes et humides du vieux perron sans rampe et je suis entré dans le vieux palais sans toit d'Othon-Henri. Vous allez rire peut-être ; mais je vous assure que marcher la nuit dans des chambres qui ont été habitées par des hommes, dont les portes sont décorées, dont les compartiments ont encore leur signification distincte ; se dire – Voici la salle à manger, voici la chambre à coucher, voici l'alcôve, voici la cheminée, et sentir de l'herbe sous ses pieds, et voir le ciel au-dessus de sa tête, c'est effrayant. Une chambre qui a encore la figure d'une chambre, et dont le plafond a été enlevé par une main invisible comme le couvercle d'une boîte, devient une chose lugubre et sans nom. Ce n'est plus une maison, ce n'est pas une tombe. Dans un tombeau on sent l'âme de l'homme ; dans ceci on sent son ombre.

Als ich die Vorhalle verlassen und in den Rittersaal gehen wollte, blieb ich stehen. Da war ein so merkwürdiges Geräusch, das um so vernehmbarer war, als in der übrigen Ruine Grabesstille herrschte. Es war eine Art von schwachem aber durchdringendem, anhaltendem Röcheln, in das sich hin und wieder ein hartes, schnelles Hämmern mischte, das bald aus tiefster Finsternis von weit her aus den Sträuchern oder dem Gebäude zu kommen schien, bald unter meinen Füßen aus den Spalten des Pflasters hervor. Woher kam dieses Geräusch? Welches nächtliche Wesen gab einen solchen Laut von sich oder klopfte auf diese Weise? Ich weiß es nicht, aber es ähnelte dem Quietschen einer Seilhaspel, und ich konnte nicht umhin, bei diesen Tönen an die häßliche Märchengestalt zu denken, die nachts in den Ruinen Stricke für den Galgen dreht.

Jedoch sah ich nichts, niemanden, kein lebendiges Wesen. Der Saal war leer wie der ganze Palast. Ich klopfte mit meinem Stock auf das Pflaster, das Geräusch erstarb, kurz darauf setzte es wieder ein. Ich klopfte erneut; Stille, dann abermals das Geräusch. Darüber hatte ich eine große erschreckte Fledermaus übersehen, die das Aufschlagen meines Stockes von einem der Kragsteine der Mauer verscheucht hatte und die nun über meinem Kopf ihre finsteren Kreise zog, die dem Inneren verfallener Türme angepaßt zu sein schienen.

Soll ich alles sagen? Warum nicht? Sie sind doch der Mann, der sich auf die Träume des Geistes versteht. Mir schien, daß ich jemanden in dieser Ruine störte. Wen? Was weiß ich? Aber mit Sicherheit rührte ich an ein Geheimnis. Da war nichts als die Nacht; und ich hatte sie gestört. Alle übernatürlichen Bewohner dieser königlichen Gemäuer richteten jetzt ihre undeutlichen und verstörten Blicke auf mich. Die Tritonen, die Satyre, die doppelschwänzigen Sirenen, der geflügelte Amor, der seit drei Jahrhunderten mit einer Girlande am Eingang zum Rittersaal spielt, die beiden nackten Siegesgöttinnen, die von den Invaliden verstümmelt wurden, die Karyatiden, die hinter purpurnem Strauchwerk verborgen sind, die Chimären, die Ringe zwischen den Zähnen halten, die Najaden, die das Felswasser aus ihren Vasen tropfen hören – all diese Wesen zeigten irgendwie Verstörtheit und Traurigkeit; das krampfhafte

Au moment où j'allais passer du vestibule dans la salle des Chevaliers, je me suis arrêté. Il y avait là un bruit singulier, d'autant plus distinct qu'un silence sépulcral remplissait le reste de la ruine. C'était une sorte de râlement, faible, strident, continu, mêlé par instants d'un petit martèlement sec et rapide, qui tantôt paraissait venir du fond des ténèbres, d'un point éloigné du taillis ou de l'édifice, tantôt semblait sortir de dessous mes pieds, d'entre les fentes du pavé. D'où venait ce bruit ? de quel être nocturne était-ce le cri ou le frappement ? je l'ignore, mais cela ressemblait au grincement d'un métier, et je ne pouvais m'empêcher de songer, en l'écoutant, à ce hideux fileur des légendes qui file la nuit dans les ruines de la corde pour les gibets.

Du reste, rien, personne, aucun être vivant. La salle était déserte comme tout le palais. J'ai heurté le pavé de ma canne, le bruit a cessé, puis a recommencé un moment après. J'ai heurté encore, il a cessé, puis il a recommencé. D'ailleurs je n'ai rien vu qu'une grande chauve-souris effrayée, que le choc de ma canne sur la dalle avait fait sortir d'une des consoles sculptées de la muraille, et qui promenait au-dessus de ma tête ce funèbre vol circulaire qui semble fait pour l'intérieur des tours effondrées.

Vous dirai-je tout ? pourquoi non ? n'êtes-vous pas l'homme qui comprenez tous les rêves de l'esprit ? Il me semblait que je gênais quelqu'un dans cette ruine. Qui ? je l'ignore. Mais il est certain que je troublais un mystère. La nuit était là, seule ; je l'avais dérangée. Tous les habitants surnaturels de cette royale masure fixaient à la fois sur moi leur prunelle vague et effarée. Les tritons, les satyres, les sirènes à double queue, l'amour ailé qui joue depuis trois siècles avec une guirlande sur le seuil de la salle des Chevaliers, les deux victoires nues que les invalides ont mutilées, les cariatides cachées sous des arbustes de pourpre, les chimères qui tiennent des anneaux dans leurs dents, les naïades qui écoutent tomber l'eau de pierre de leur urne, avaient je ne sais quoi d'irrité et de triste ; le rictus des mascarons prenait une expression étrange ; une lueur faisait saillir

Lachen der Masken nahm einen seltsamen Ton an; ein Lichtschimmer ließ aus dem Dunkel der Vorhalle jene Isis gespenstisch hervortreten, welcher der Regen, der sie zerfrißt und entstellt, das undefinierbare Lächeln der Figuren von Prud'hon verliehen hat. Zwei behelmte Sphingen mit weiblichen Brüsten und den Ohren von Faunen schienen mich anzusehen und miteinander zu flüstern, *transversa tuentes;* und ich glaubte, die Löwen am Kamin unter dem Rankenwerk schnauben zu hören, wo sie sich hingeduckt haben, seit der Fuß des nachdenklichen Pfalzgrafen sich nicht mehr auf ihre Marmormähne stützt. Etwas Regloses und Erschreckendes pochte um mich an allen Wänden, und sooft ich mich einer düsteren Tür oder einer finsteren Ecke näherte, sah ich darin einen geheimnisvollen Blick aufleuchten.

Haben Sie Gesichte wie ich? Haben Sie das einmal erlebt? Die Statuen schlafen am Tag, aber nachts wachen sie auf und werden zu Gespenstern.

Ich habe Ottheinrichs Palast verlassen und bin, immer verfolgt von dem eigenartigen kleinen Geräusch, das irgendein Wächter im Rittersaal verursachte, in den Hof zurückgekehrt.

Als ich die Freitreppe hinabgestiegen war, zeigte sich der Mond plötzlich hell und klar zwischen aufgerissenen Wolken; der doppelgieblige Palast Friedrichs IV. erschien auf einmal mit seinen sechzehn stattlichen bleichen Riesen in aller Herrlichkeit wie am hellen Tag vor meinen Augen, während zu meiner Rechten die Ottheinrich-Fassade, die sich schwarz vor dem erleuchteten Himmel abhob, den gleißenden Mondschein durch alle vierundzwanzig Fensterhöhlen gleichzeitig fallen ließ.

Ich sagte, *wie am hellen Tag*; das stimmt nicht recht, es war alles in allem weniger und mehr. Mondschein auf Ruinen ist mehr als Licht, er strahlt Harmonie aus. Er verbirgt kein Detail und hebt keine Narbe hervor; er wirft einen Schleier über die zerbrochenen Gegenstände und umgibt die Majestät alter Gebäude mit einer Art von verschwommener Aureole. Man sollte sich einen verfallenen Palast oder ein Kloster lieber in der Nacht als bei Tage ansehen. Das harte Sonnenlicht verflacht die Ruinen und beeinträchtigt die traurige Würde der Statuen.

lugubrement dans l'ombre cette sombre Isis du vestibule à laquelle les pluies qui la rongent et l'estompent ont donné le sourire indéfinissable des figures de Prud'hon ; deux sphinx casqués, à mamelles de femmes et à oreilles de faunes, paraissaient chuchoter à voix basse en me regardant, *transversa tuentes* ; et je croyais entendre respirer les lions de la cheminée sous la broussaille où ils se sont tapis depuis que le pied du palatin pensif ne se pose plus sur leur crinière de marbre. Quelque chose d'immobile et de terrible palpitait autour de moi sur toutes ces murailles, et chaque fois que je m'approchais d'une porte ténébreuse ou d'un coin brumeux, j'y voyais vivre un regard mystérieux.

Êtes-vous visionnaire comme moi ? avez-vous éprouvé cela ? Les statues dorment le jour, mais la nuit elles se réveillent et deviennent fantômes.

Je suis sorti du palais d'Othon et je suis rentré dans la cour, toujours poursuivi par le petit bruit bizarre que faisait un veilleur quelconque dans la salle des Chevaliers.

Au moment où je venais de redescendre le perron, la lune a surgi tout à coup pure et brillante dans une large déchirure des nuages ; le palais à double fronton de Frédéric IV m'est apparu subitement, magnifique, éclairé comme en plein jour, avec ses seize géants pâles et formidables ; tandis qu'à ma droite la façade d'Othon, dressée toute noire sur le ciel lumineux, laissait échapper d'éblouissants rayons de lune par ses vingt-quatre fenêtres à la fois.

Je vous ai dit, *éclairé comme en plein jour :* j'ai tort, c'était tout ensemble plus et moins. La lune dans les ruines est mieux qu'une lumière, c'est une harmonie. Elle ne cache aucun détail et elle n'exagère aucune cicatrice ; elle jette un voile sur les choses brisées et ajoute je ne sais quelle auréole brumeuse à la majesté des vieux édifices. Il vaut mieux voir un palais ou un cloître écroulé la nuit que le jour. La dure clarté du soleil fatigue les ruines et importune la tristesse des statues.

Die Schatten der Kaiser und Pfalzgrafen schauten mich nun an; *simulacra.* Seltsam, vorhin hatte ich den Eindruck, die Sirenen, Nymphen und Chimären würden mich zornig anblicken; und jetzt schien es mir, als ob all die gefürchteten alten Fürsten ihren gütigen und freundlichen Blick auf mich, den armseligen Passanten, richteten. Einige von ihnen erschienen mir unter dem phantastischen Mondschein viel größer. Und einer, der von einer Kugel halb umgeworfen worden war, der an der Wand lehnende Johann-Kasimir mit seinem bleichen Gesicht, seiner Adlernase und seinem langen Bart, sah aus wie der exhumierte Heinrich IV.

Ich habe das Schloß durch den Garten verlassen und beim Hinuntersteigen habe ich nochmals einen Augenblick auf einer der unteren Terrassen Halt gemacht. Die Ruine hinter mir, die den Mond verdeckte, bildete auf halbem Hang einen großen Schattenbusch, aus dem nach allen Seiten dunkle und leuchtende Linien hervorbrachen, die den undeutlichen, dunstigen Hintergrund der Landschaft streiften. Unter mir erstreckte sich Heidelberg, an den Fuß des Berges in das Tal geduckt, alle Lichter waren erloschen, alle Türen geschlossen; und dahinter hörte ich den Neckar rauschen, der dem Hügel und der Ebene etwas zuzuflüstern schien; und die Gedanken an das, was mich den ganzen Abend erfüllt hatte, die Nichtigkeit des Menschen in der Vergangenheit, die Gebrechlichkeit des Menschen in der Gegenwart, die Großartigkeit der Natur und die Ewigkeit Gottes, stiegen gleichsam verkörpert durch eine dreifache Gestalt in mir auf, während ich zwischen diesem stets wachen und lebendigen Fluß, der schlafenden Stadt und diesem toten Schloß langsam in der Dunkelheit hinunterstieg.

À leur tour, ces ombres des empereurs et des palatins m'ont re-gardé ; *simulacra*. Chose singulière, il m'avait semblé, l'instant d'auparavant, que les sirènes, les nymphes et les chimères me regar-daient avec colère ; il me semblait maintenant que tous ces vieux princes redoutables attachaient sur moi, chétif passant, un œil bon et hospitalier. Quelques-uns paraissaient encore plus grands sous le rayonnement fantastique de la lune. L'un d'eux, qui a été atteint et à demi renversé par une bombe, Jean-Casimir, adossé à la muraille, avec sa face blême, son nez aquilin et sa longue barbe, avait l'air de Henri IV exhumé.

Je suis sorti du palais par le jardin, et en redescendant je me suis encore arrêté un instant sur une des terrasses inférieures. Derrière moi, la ruine, cachant la lune, faisait à mi-côte un gros buisson d'ombre d'où jaillissaient dans toutes les directions à la fois de lon-gues lignes sombres et lumineuses rayant le fond vague et vaporeux du paysage. Au-dessous de moi gisait Heidelberg assoupie, étendue au fond de la vallée le long de la montagne, toutes lumières éteintes, toutes portes fermées ; sous Heidelberg j'entendais passer le Ne-ckar qui semblait parler à demi-voix à la colline et à la plaine ; et les pensées qui m'avaient rempli toute la soirée, le néant de l'homme dans le passé, l'infirmité de l'homme dans le présent, la grandeur de la nature et l'éternité de Dieu, me revenaient toutes ensemble, com-me représentées par une triple figure, tandis que je descendais à pas lents dans les ténèbres, entre cette rivière toujours éveillée et vivan-te, cette ville endormie et ce palais mort.

POSTSKRIPTUM

Lieber Louis, nun ist dieser endlose Brief doch fertig geworden. Preisen Sie Gott und vergeben Sie mir. Lesen Sie nicht den Wälzer, den ich Ihnen da schicke, kommen Sie lieber hierher, um sich Heidelberg anzusehen.

Ich habe soeben einen herrlichen Ausflug an die Bergstraße gemacht. Es gab Matsch und Schnee, aber Sie wissen ja, daß mir die Berge nicht ganz neu sind. Ich habe nur viel gelitten, nicht unter der Kälte, sondern unter den Öfen. Stellen Sie sich vor, seit ich in Deutschland bin, ist es mir kein einziges Mal gelungen, mir ein Kaminfeuer, ein brennendes Stück Holz oder Reisigbündel zu besorgen. Sie haben nur abscheuliche Öfen, deren Rohre sich wie Schlangen durch die Zimmer winden. Aus ihnen strömt eine üble, heimtückische Hitze, die den Kopf zum Sieden bringt und die Füße eiskalt läßt. Hier wärmt man sich nicht, man erstickt einander.

Von diesen kleinen Ungelegenheiten – abendliche und morgendliche Erstickungsanfälle – einmal abgesehen, ist dieses Land wirklich wundervoll. Da regnet es die ganze Nacht; noch im Schlaf höre ich, wie die Güsse an mein Fenster peitschen; ich rechne mit schlimmen feuchten Tagen; aber, ich weiß nicht wie, am Morgen reißen die Wolken auf, der Nebel verfliegt, und ich sehe die schönsten Dinge der Welt.

Nocte pluit tota, redeunt spectacula mane.

Adieu, lieber Freund, auf bald. In einigen Wochen schon drücke ich Ihre gute Hand. Bleiben Sie mir gewogen.

POST-SCRIPTUM

Cher Louis, voilà cette lettre interminable finie. Louez Dieu et pardonnez-moi. Ne lisez pas l'in-folio que je vous envoie, mais venez voir Heidelberg.

Je viens de faire une magnifique tournée dans la Berg-Strasse. J'ai eu de la boue et de la neige, mais vous savez que je suis un peu montagnard. J'ai seulement beaucoup souffert, non du froid, mais des poêles. Figurez-vous que, depuis que je suis en Allemagne, je n'ai pas encore pu réussir à me procurer un feu de cheminée, un tison allumé, un fagot flambant. Ils n'ont que d'affreux poêles dont les tuyaux se tordent dans les chambres comme des serpents. Il sort de là une vilaine chaleur traître qui vous fait bouillir la tête, et vous glace les pieds. Ici on ne se chauffe pas, on s'asphyxie.

À ce petit inconvénient près – l'asphyxie soir et matin –, le pays est vraiment admirable. Il pleut toute la nuit ; j'entends, tout en dormant, les averses faire rage contre mes vitres ; je m'attends à d'horribles journées mouillées ; mais, je ne sais comment cela se fait, le matin les nuées se déchirent, les brumes s'envolent, et je vois les plus belles choses du monde.

Nocte pluit fota, redeunt spectacula mane.

Adieu, cher ami. À bientôt. Dans quelques semaines je serrerai votre bonne main. Aimez-moi.

* Es ist sehr wohl von Interesse, hier aus jener *Gazette des entresols du Louvre*, die bereits in Brief XXVII erwähnt wurde, einige unbekannte Details und ein paar bemerkenswerte Seiten über diese Belagerung zu zitieren, bei der die Stadt in zwölfstündigem Grabenkampf genommen wurde, was in Deutschland eine schreckliche Erinnerung hinterlassen hat, die in tausend Jahren nicht ausradiert werden wird. Selbstverständlich sind diese Auszüge wörtlich übernommen, und was die Gedanken anbelangt, die sie im Geist des Lesers heraufbeschwören können, so hat der Autor dieses Buches weder die Absicht, diese hervorzurufen, noch sie zu vermeiden.

Gazette vom 28. Mai

„Generalleutnant Sieur de Mélac hält die Hügel oberhalb des Schlosses mit zwölf Bataillonen und fünfzig Dragonern. Er hat die Feinde aus einer Redoute vertrieben, von der aus man die dortigen Bauten im Rücken angreifen kann.

Am anderen Ufer des Neckars hat man eine Batterie mit sechs Kanonen aufgestellt. Der Graben muß noch am heutigen Abend von Generalleutnant Marquis de Chamilly genommen werden: von der Vorderseite der niedriger gelegenen Bauten der Vorstadt mit Hilfe der Brigade Picardie."

(Aus dem Feldlager vor Heidelberg, 21. Mai 1693)

„Sechshundert Mann von Hessen-Kassel rücken zur Verstärkung an.

„Sieur de Mélac ließ sie auf folgende Weise angreifen:

„Hundert Mann des Regiments Picardie, kommandiert von den Herren de Coste und Despic, rückten durch die Weinberge vor. Ihnen folgten hundertdreißig Mann des Regiments la Reyne und fünfzig Kavalleristen, die Granaten hinter ihre Sättel geschnallt hatten, des Regiments von General de Mélac und Oberst de Lalande. Die zweite Grenadierkompanie von la Reyne rückte über einen breiten Weg zwischen dem Berg und dem Fluß vor, ihnen voran eine Kanone, um eine Blockade anzugreifen, die der Feind auf eben diesem Weg errichtet hatte. Hundertfünfzig Mann des Regiments la Reyne kamen der Grenadierkompanie zu Hilfe: Die Kavallerie und die Dragoner unterstützten die Infanterie. Und man griff die

* À l'occasion de ce siège, où la ville fut enlevée en douze heures de tranchée ouverte, et qui a laissé en Allemagne un fatal souvenir que dix siècles peut-être n'effaceront pas, il n'est pas sans intérêt de transcrire ici quelques détails inconnus et quelques pages curieuses extraites de cette *Gazette des entresols du Louvre*, déjà citée dans la lettre XXVII. Il va sans dire que ces extraits sont textuels, et que, quant aux rapprochements qu'ils peuvent faire naître dans l'esprit du lecteur, l'auteur de ce livre n'a eu l'intention ni de les chercher, ni de les éviter.

Gazette du 28 may.

« Le sieur de Mélac, lieutenant-général, occupe les hauteurs au-dessus du chasteau avec douze bataillons et cinquante dragons. Il a chassé les ennemis d'une redoute d'où l'on peut battre à revers les ouvrages de la place.

« On a fait une batterie de six pièces de canon de l'autre costé du Neckre. La tranchée doit être ouverte ce soir par le marquis de Chamilly, lieutenant-général ; du costé du front des ouvrages de terre du fauxbourg, par la brigade de Picardie. »

(Du camp devant Heidelberg, le 21 may 1693.)

« Six cents hommes des troupes de Hesse-Cassel vinrent pour ravitailler la place.

« Le sieur de Mélac les fit attaquer de la manière suivante :

« Cent hommes du régiment de Picardie, commandez par les sieurs de Coste et Despic, marchèrent par les vignes dans la montagne. Ils estoient suivis par cent trente du régiment de la Reyne, et cinquante cavaliers du régiment colonel-général de Mélac, et de Lalande, qui portoient des grenadiers en croupes. La seconde compagnie des grenadiers de la Reyne s'avança par un grand chemin entre la montagne et la rivière, avec une pièce de canon à leur teste, pour attaquer une traverse que les ennemis avoient faite dans le même chemin. Cent cinquante hommes du régiment de la Reyne soutenoient la compagnie de grenadiers : la cavalerie et les dragons soutenoient

Feinde von allen Seiten an. Diese gaben zunächst die erste, dann auch die zweite Blockade auf. Aber die letzte hielten sie. Da ließ Sieur de Mélac die Grenadiere vorrücken, die die Feinde von der Seite angriffen, so daß sie sich allmählich widerwillig zurückzogen. Sie verschanzten sich eine Weile hinter Hecken und Weinstöcken, aber die Kavallerie trieb sie schließlich in die Flucht. Die einen versuchten, durch die Weinberge wieder zum Schloß hinaufzugelangen, die anderen brachten sich im Dorf Wieblingen in Sicherheit, das am Fuß des Berges liegt. Doch nachdem sie von ein paar bewaffneten Bauern dazu genötigt worden waren, entschlossen sie sich, wieder an ihre Aufgabe zu gehen, aber die Grenadiere bedrängten sie so sehr, daß sie gezwungen waren, die Flucht zu ergreifen, nachdem unter ihnen mehr als hundertfünfzig Mann getötet und einige gefangengenommen worden waren. Die Franzosen hatten bei diesen Kämpfen nur drei Verletzte zu melden, einen Grenadier vom Regiment la Reyne, einen Soldaten des Regiments Picardie und einen Reiter vom Regiment Mélac."

Gazette vom 1. Juni

„Am Morgen des 22. wollten die Feinde, die sich von den Batterien bedrängt und umzingelt sahen, die übrige Vorstadt am helllichten Tag aufgeben. Man drängte sie jedoch bis zum Stadttor zurück, das sie schlossen; die Grenadiere des Regiments Picardie zerstörten es mit Axtschlägen und drängten sie – trotz ihrer heftigen Gewehrsalven – bis zum Schloßtor zurück, das die Belagerten schlossen, obwohl mehr als fünfhundert ihrer Leute noch draußen waren und getötet oder gefangengenommen wurden.

Die Soldaten drangen von allen Seiten in die Stadt ein, die sie plünderten, und ihre Generäle konnten sie nicht daran hindern. Das Schloß wollte kapitulieren. Marschall Herzog von Lorges wollte den Bedingungen jedoch nicht zustimmen. Sie gaben schließlich auf und kamen am 23. mit tausendachthundert Mann heraus. Dreihundert gefangene Soldaten, die in die große Kirche gebracht worden waren, steckten die beiden Kirchtürme in Brand, und das Feuer griff auf die Stadt über; was man auch unternahm, um es zu löschen, sie brannte zu einem großen Teil nieder. Man hat

toute l'infanterie. Et on attaqua les ennemis de toutes parts. Ils abandonnèrent d'abord la première et la seconde traverse. Mais ils firent ferme à la dernière. Le sieur de Mélac alors fit avancer les grenadiers, qui attaquèrent les ennemis en flanc, en sorte qu'ils commencèrent à lascher pié. Ils firent encore ferme quelque temps derrière des bayes et des vignes mais la cavalerie les contraignit enfin à prendre la fuite. Les uns taschèrent à remonter le costeau par dedans les vignes, et les autres se sauvèrent dans le village de Vebelingen, qui est au pié de la montagne. Néantmoins, ayant esté renforcés par un nombre de païsans armés, ils se mirent en devoir de revenir à la charge ; mais les grenadiers les poussèrent si vivement, qu'ils les obligèrent à prendre derechef la füite après leur avoir tué plus de cent cinquante hommes et fait plusieurs prisonniers. Les François n'ont eu dans cette affaire que trois hommes blessés, qui sont un grenadier du régiment de la Reyne, un soldat de Picardie et un cavalier du régiment de Mélac. »

Gazette du 1er juin.

« 22 au matin. Les ennemis, se voyant pressés et enveloppés par les batteries, voulurent abandonner le reste du fauxbourg en plein jour. On les poussa jusqu'à la porte de la ville, qu'ils fermèrent ; les grenadiers de Picardie l'enfoncèrent à coups de hache, et, nonobstant leur grand feu, les poussèrent jusqu'à la porte du chasteau, que les assiégés fermèrent, et laissèrent dehors plus de cinq cents des leurs qui furent tués ou pris.

« … Les troupes entrèrent de toutes parts dans la ville, qu'ils pillèrent, sans que les officiers généraux pussent l'empescher. Le chasteau demanda à capituler. Le maréchal duc de Lorges ne voulut pas accorder de condition. Ils se rendirent à discrétion, et sortirent le 23, au nombre de dix-huit cents hommes. Trois cents soldats prisonniers qui avoient esté mis dans la grande église, mirent le feu aux deux clochers, qui se communiqua à la ville ; et quoi qu'on pût faire pour l'éteindre, en brûla la grande partie. On a trouvé quarante mil-

vierzigtausend Schuß Pulver, eine Unmenge von Granaten und Bomben, zwölf Kanonen aus Gußeisen und zehn aus Eisen gefunden. Außerdem hat man sich der Bootsanlegestelle bemächtigt, die die Feinde gebaut hatten."

„Paris, 30. Mai 1693. Der König ist am 22. des Monats von Compiègne nach Roye aufgebrochen, wo er nächtigte; am 23. übernachtete er in Péronne, am 24. in Cambrai und am 25. in Quesnoy.

Der König und die Königin von Großbritannien statten ihren königlichen Hoheiten am 27. einen Besuch ab, und sie werden die Messe im Kapuzinerkloster hören."

Gazette vom 6. Juni

„… Die Stadt war genommen, die Soldaten, die Kavalleristen und die Dragoner drangen von allen Seiten ein und fingen an, sie zu plündern … Die Soldaten konnten nicht aufgehalten werden, so sehr sich die Offiziere auch mühten, die Folgen des Durcheinanders und die Feuersbrunst in der Stadt zu verhindern. Was man auch unternahm, sie konnte nicht geschont werden. Marquis de Chamilly hatte zuvor die Gefangenen und einige Bürger mit ihren Frauen und Kindern in die große Kirche in Sicherheit bringen lassen. Aber die Gefangenen steckten die beiden Türme in Brand, von wo sich das Feuer auf die Häuser der Stadt und deren Vororte ausbreitete; oder es wurde zufällig an irgendwelchen Stellen gelegt und hat sich fast überall hin ausgebreitet, obwohl man sich Mühe gab, es zu löschen. Der Stadtkommandant von Heidersdorf, der im Schloß das Kommando hatte, wollte unterdessen kapitulieren. Ein Kapuziner pendelte, begleitet von einem Oberstleutnant und einem Magistrat, mehrfach hin und her. Die Kapitulation wurde beschlossen. Man hat zehntausend Bleigeschosse, siebentausend Kugeln, fünftausend scharfe Granaten, hundert Bomben und eine Unmenge an Hilfsmitteln gefunden. Die Truppen haben unterdessen begonnen, die Befestigungsanlagen des Schlosses zu sprengen."

Gleiche Ausgabe
Aus Quesnoy, 2. Juni 1693.

„Am 28. des letzten Monats überbrachte ein Eilkurier des Mar-

liers de poudre, quantité de grenades, de bombes, douze pièces de canons en fonte et dix de fer. On s'est aussi rendu maître du pont de bateaux qu'ont fait les ennemis.

« Paris, 30 may 1693. Le roy partit de Compiègne le 22 du mois pour aller coucher à Roye ; le 23 il coucha à Péronne, le 24 à Cambray, et le 25 au Quesnoy.

« Le roy et la reyne de la Grande-Bretagne vinrent ici le 27 voir Leurs Altesses Royales, et ils entendirent le salut au monastère des Capucines. »

Gazette du 6 juin.

« …La ville estoit prise, les soldats, les cavaliers et les dragons y entrèrent de toutes parts et commencèrent à la piller […] Les soldats ne purent estre arrestés, quelque peine que se donnassent les officiers pour empescher les suites du désordre et l'embrasement de la ville, quoy qu'ayant esté prise d'assaut, elle eust pu n'estre pas épargnée. Le marquis de Chamilly avoit fait d'abord mettre les prisonniers et plusieurs bourgeois avec leurs femmes et leurs enfants dans la grande église, comme en un lieu de seureté. Mais ces prisonniers mirent le feu aux deux clochers, d'où il se communiqua aux maisons de la ville et des fauxbourgs ; où il avoit esté encore mis par hazard en quelques endroits, et s'estoit répandu presque partout, quelque soin qu'on prist pour l'éteindre. Le sieur de Heidersdorf, qui commandoit dans le chasteau, envoya cependant demander à capituler. Un capucin alla plusieurs fois de part et d'autre, accompagné d'un lieutenant-colonel et d'un magistrat. La capitulation fut conclue. On a trouvé dix milliers de plomb en saumon, sept en balles, cinq mille grenades chargées, cent bombes, un grand nombre d'outils. Les troupes ont commencé depuis à démolir les fortifications du chasteau. »

Même numéro.
Du Quesnoy, le 2 juin 1693.
« Le 28 du mois dernier, un courrier dépesché par le maréchal

schalls Herzog von Lorges dem König die Nachricht von der Einnahme Heidelbergs. Am 31. kam der König seinen religiösen Pflichten nach und besuchte die Kranken. Seine Majestät ernannte den Abbé von La Luzerne zum Erzbischof von Cahors und den Abbé von Denonville zum Erzbischof von Comminges. Außerdem übertrug seine Majestät ein Kanonikat der Sainte-Chapelle Sieur Boileau, dem Doyen der Kirche in Sens und ein weiteres Sieur Basire."

Aus Paris, 6. Mai 1693.

(*Sic*, Fehler, 6. Juni)

„Am ersten des Monats hat man in der Kirche von Notre Dame auf Geheiß des Königs das *Te Deum* für Gottes Beistand bei der Einnahme von Heidelberg gesungen. Die Kompanien nahmen mit den gewohnten Zeremonien daran teil, und am Abend gab es in allen Straßen Freudenfeuer."

Neben der Plünderung der Stadt hatte diese Eroberung von Heidelberg ein weiteres trauriges Nachspiel. Als General Heidersdorf, der vor Marschall von Lorges kapituliert hatte, im Lager der kaiserlichen Truppen in Heilbronn ankam, wurde er vor das Militärgericht gestellt und zum Tode verurteilt. Er wurde geköpft. Ein Hauptmann und ein Leutnant wurden in dem selben Prozeß verurteilt und teilten sein Schicksal.

duc de Lorges apporta au roy la nouvelle de la prise de Heidelberg. Le 31, le roy fit ses dévotions et toucha les malades. Sa Majesté nomma l'abbé de La Luzerne à l'évesché de Cahors, et l'abbé de Denonville à l'évesché de Comminges. Sa Majesté a donné un canonicat de la Sainte-Chapelle au sieur Boileau, doyen de l'église de Sens, et un autre au sieur Basire. »

De Paris, le 6 may 1693.

(*Sic*. Erreur, le 6 juin.)

« Le premier de ce mois, on chanta en l'église de Notre-Dame, par l'ordre du roy, le *Te Deum* en actions de grâces de la réduction de Heidelberg. Les Compagnies y assistèrent avec les cérémonies accoutumées et le soir, il y eut des feux dans toutes les rües. »

Outre le sac de la ville, cette prise de Heidelberg eut un lugubre résultat. En arrivant au camp des Impériaux à Heilbron, le général Heidersdorf, qui avait capitulé avec le maréchal de Lorges, fut traduit devant des juges militaires et condamné à mort. Il eut la tête tranchée. Un capitaine et un lieutenant furent enveloppés dans le procès qu'on lui fit, et partagèrent son sort.

Bild 15 / fig. 15
[Satyres et sirènes]
« Tous les habitants surnaturels de cette royale demeure fixaient à la
fois sur moi leur prunelle vague et effarée. Les tritons, les satyres, les
sirènes à double queue... »
„Alle übernatürlichen Bewohner dieser königlichen Gemäuer richteten
jetzt ihre undeutlichen und verstörten Blicke auf mich. Die Tritonen,
die Satyre, die doppelschwänzigen Sirenen [...]"

Bild 16 / fig. 16

Vue du vallon de la ville et du château de Heidelberg, prise du chemin des Philosophes.

Thal, Schloss und Stadt Heidelberg von dem sog. Philosophenweg her
gezeichnet.

Dédiée à Monsieur François Bauchelet, Chanoine Honoraire de Stras-
bourg, Aumónier de S.A.R. la grande Duchesse douairière de Bade, et
Chevalier de l'Ordre Romain. Par son Serviteur et Ami Charles de
Graimberg.

Charles de Graimberg (1818) Graveur/Kupferstecher: A.F.L. Lemaître
(16,7 x 19,6 cm) © K.M. S 912.

Friedrich Wolfzettel

Victor Hugo in Heidelberg

Stammt der „Mythos" von Heidelberg von Victor Hugo? Das sicherlich nicht; doch hat dieser am Ende der europäischen Romantik einem in eben dieser Epoche entstandenen „Mythos" seine endgültige Prägung und seine wohl tiefste Deutung gegeben. Vom ersten Augenblick an schildert Hugo den Besuch dieser kleinen, abseits von den großen Verkehrsstraßen gelegenen Stadt wie eine Entdeckung und als das Gegenteil eines touristischen Durchgangsortes: „Denn man sollte nicht durch Heidelberg fahren, man sollte sich hier aufhalten, man müßte hier leben". Hugo, der selbst nur acht Tage in der Stadt verbrachte, vom 6. bis zum 14. Oktober 1840, war denn auch bemüht, in dem Brief xxviii seines Buches „Le Rhin" einen mehrwöchigen Aufenthalt vorzugeben – lange genug, um sich an einem Ort einzuleben, der wie verzaubert in sich selbst ruhend am Rande der Geschichte lag:

> „Heidelberg liegt unter Bäumen geborgen am Eingang des Neckartals, zwischen zwei bewaldeten Höhenrücken, die stolzer sind als Hügel und weniger schroff als Berge; es besticht durch seine wunderbaren Ruinen, seine beiden Kirchen aus dem 15. Jahrhundert, [...] seine alten Türme am Wasser, seine Brücke und vor allem seinen klaren, ruhigen und doch wilden Fluß, in dem es von Forellen wimmelt, wo Legenden wuchern, wo spitze Felsen aufragen, wo die Strömung, von Klippen gehemmt, ein unentwirrbares Netz von Strudeln und Gegenströmungen bildet; ein zauberhafter ungebändigter Fluß, auf dem sicher nie ein Dampfschiff dahinstampfen wird."

Die Geschichte des Flusses, der später durch Schleusen schiffbar gemacht wurde, hat diese Prophezeiung leider nicht erfüllt. Doch widersetzte sich die Stadt damals offensichtlich noch dem Handelsgeist, der vom Rhein bereits Besitz ergriffen hatte. Als Höhepunkt

Friedrich Wolfzettel

Victor Hugo à Heidelberg

Victor Hugo a-t-il créé le mythe de Heidelberg ? Certes non, mais vers la fin du romantisme européen, il a donné son cachet définitif et l'interprétation probablement la plus profonde à un mythe qui existait déjà et dont la naissance était inextricablement liée à l'époque romantique. Hugo présente d'entrée la visite de cette petite ville située un peu à l'écart des grandes routes comme une découverte et comme le contraire d'un lieu de passage pour les touristes : « car il ne faut pas passer à Heidelberg, il faut y séjourner, il faudrait y vivre ». Hugo qui n'y a passé que huit jours – du 6 au 14 octobre 1840 – a pris soin, dans la Lettre xxviii du *Rhin*, de suggérer un long séjour de plusieurs semaines – le temps de s'enraciner dans un lieu qui porte les traits d'un lieu enchanté et d'un microcosme situé à l'écart de l'histoire :

> « Heidelberg, située et comme réfugiée au milieu des arbres, à l'entrée de la vallée du Neckar, entre deux croupes boisées plus fières que des collines et moins âpres que des montagnes, a ses admirables ruines, ses deux églises du quinzième siècle [...], ses vieilles tours sur l'eau, son pont, et surtout sa rivière, limpide, tranquille et sauvage, où foisonnent les truites, où abondent les légendes, où se hérissent les rochers, où le flot, compliqué d'écueils, n'est qu'un inextricable réseau de tourbillons et de courants ; ravissant fleuve-torrent où l'on peut être sûr que jamais un bateau à vapeur ne viendra patauger. »

L'histoire de la rivière, aménagée et rendue navigable au moyen d'écluses, n'a pas confirmé – hélas ! – cette prévision. Mais il est évident que la ville se refusait encore à l'esprit mercantile qui s'était déjà emparé du Rhin. Point culminant et aboutissement du voyage

und Abschluß der Rheinreise bilden Heidelberg und das Neckartal mithin nicht weniger als einen paradoxen Kontrapunkt zu dem großen Strom, jenem allen Strömungen der Geschichte offenen Schiffahrts- und Verbindungsweg zwischen den Völkern. „Unter Bäumen geborgen", ist Heidelberg, dieses Musterbeispiel der deutschen Romantik, noch immer eine fast unveränderliche Idylle, wie sie damals noch zahlreich gewesen sein müssen.

Nichts vermöchte im übrigen den Geschmackswandel deutlicher zu zeigen als der Heidelberg-Mythos. Die Reisenden der sogenannten „Kavalierstour" der Aufklärung priesen ausnahmslos die barocke Residenzstadt Mannheim, in deren Stadtplan nichts dem Zufall überlassen worden war und das unbestreitbar ein Kulturzentrum darstellte. Reisen hieß für diese Reisenden, die großen Zentren und die gute Gesellschaft frequentieren, um sich über den „geistigen Zustand" der bereisten Länder in Kenntnis zu setzen. Die Reisetagebücher Stendhals stellen noch ein gutes Beispiel dieser Art des Reisens dar. Aber wie anders reagiert Hugo, der für „diese Art von falschem badischem Versailles, [...] das man Mannheim nennt" nur Verachtung übrig hat und gar nicht schnell genug die „Schlafende Schöne" Heidelberg entdecken kann. Aber ähnlich wie Hugo dem modernen Deutschland nur geringes Interesse entgegengebracht und sich lieber in die geschichtlichen „Geheimnisse" der berühmten Orte am Rhein vertieft hatte, sucht er in Heidelberg selbst vor allem die Einsamkeit und die Möglichkeit zur Meditation. Von der Universität und dem Geistesleben der Zeit ist dabei genausowenig die Rede wie vom alltäglichen Handel und Wandel und der Stellung der Stadt als Knotenpunkt zwischen dem Neckar-Hinterland und dem Rhein. Hugo bleibt hierin dem romantischen Deutschland-Mythos treu – „dieses alte Deutschland, unser aller Mutter", hatte Gérard de Nerval einmal gesagt, und der Autor selbst spricht in dem politischen Anhang seines Reisebuchs vom „Indien" Europas. Noch einmal gibt er dem Bedürfnis nach der Wesenssuche historischer Orte nach und nimmt Heidelberg zum Anlaß einer langen Meditation. Dabei konnte er sich auf damals übliche, ausgezeichnete Führer stützen wie den „Guide des Voyageurs dans la Ruine de Heidelberg" (Heidelberg 1827) von

du Rhin, Heidelberg et la vallée du Neckar ne représentent donc rien moins qu'un contre-point paradoxal au grand fleuve ouvert à tous les courants de l'histoire, voie de communication entre les nations. Heidelberg, « comme réfugiée au milieu des arbres », gloire du romantisme allemand, c'est aussi une idylle presque figée comme il y en avait tant à l'époque.

Rien ne saurait en fait illustrer plus clairement le changement de goût que l'essor du mythe de Heidelberg. Les voyageurs du « Grand Tour » des Lumières ont invariablement vanté Mannheim, ville de résidence baroque, dont le plan rationnel n'avait rien laissé au hasard, et centre culturel incontestable. C'est que voyager, c'était fréquenter les grands centres et la bonne société, en vue de se renseigner sur « l'état moral » des pays parcourus. Les journaux de voyage de Stendhal présentent encore un bon exemple de cette manière de voyager. Et combien différente est la réaction de Hugo qui montre un mépris sans bornes pour cette « espèce de faux Versailles badois qu'on appelle Mannheim », et qui brûle de découvrir cette Belle au Bois dormant qu'est Heidelberg. Mais de même que Hugo ne s'était nullement intéressé à l'Allemagne moderne pour en revanche s'initier aux « mystères » historiques des lieux célèbres du Rhin, à Heidelberg même, il ne cherche que la solitude et la méditation. De l'université et de la vie intellectuelle de l'époque, il n'est même pas question, pas plus que du commerce de la vie quotidienne et de la fonction de la ville en tant que carrefour entre l'arrière-pays et le Rhin. Fidèle en ceci à la tradition du mythe de l'Allemagne romantique, « cette vieille Allemagne, notre mère à tous », comme disait Gérard de Nerval, cette « Inde » de l'Europe, comme il dira lui-même dans sa *Conclusion* politique, Hugo sacrifie une dernière fois à son besoin de voir l'essence des lieux en en faisant le point de départ d'une méditation en plusieurs temps. Pour ce faire, il pouvait s'appuyer sur les excellents guides de l'époque tels que *Le Guide des voyageurs dans la ruine de Heidelberg* (Heidelberg 1827) de Charles de Graimberg, ou bien *Le Ma-*

Charles de Graimberg oder „Das Handbuch für Reisende am Rhein von Schaffhausen bis Holland – mit Abstechern über Heidelberg, die Bergstraße, nach Darmstadt und Frankfurt" (Heidelberg 1818) von Aloys Schreiber (ins Französische von L'Abbé Henry übersetzt: „Manuel des voyageurs sur le Rhin qui passent de Schaffouse jusqu'en Hollande …")

Der lange Brief xxviii über Heidelberg, „dieser endlose Brief" wie der Autor selbst ironisch in seinem Postskriptum bemerkt, übernimmt dergestalt die Funktion eines Schlußsteins in der Architektur des Rheinbuchs. Er ist nicht nur dreimal so lang wie die meisten übrigen Reisebriefe, sondern bildet auch den eigentlichen Höhepunkt des ersten Teils der Reise, die dem eigentlich romantischen Rhein gilt, und schließt diesen Teil zugleich ab; die übrigen Briefe, welche die Strecke von Straßburg bis Lausanne behandeln, stellen demgegenüber nur noch isolierte Reiseetappen dar. Als Bindeglied zwischen zwei Teilen hat Heidelberg überdies eine gleichsam emblematische Scharnierfunktion für das Rheinbuch, dessen Erstveröffentlichung 1842 – die sogenannte endgültige Fassung sollte noch drei Jahre auf sich warten lassen – zugleich das Ende der romantischen Rheinreisetradition und das Ende der „romantischen" Phase des Dichters besiegelt. Der Mißerfolg der Uraufführung des letzten großen, unmittelbar von der Rheinreise inspirierten Dramas von 1843, „Die Burggrafen", scheint diesbezüglich bezeichnend.

Um diese herausragende Stellung des Briefes xxviii deutlich zu machen, hat Hugo im übrigen bewußt die chronologische und topographische Folge seiner Reisen über den Haufen geworfen. Auf einem ersten längeren Ausflug von September bis Oktober 1839 hatte er das Elsaß, Freiburg, Basel, Schaffhausen, Zürich und den Genfer See besucht. Die elf Reisebriefe sollten später den zweiten Teil des Rheinbuchs bilden, zu dem Hugo wohl erst um 1840 den Plan gefaßt hatte. Der Besuch der Stadt Heidelberg war zwar Teil der großen Rheinreise, die er von Ende August bis Anfang November desselben Jahres unternahm, doch anstatt von da direkt nach Trier weiterzufahren, wie er es ursprünglich vorhatte, ließ er sich zu einer großen Rundtour über Stuttgart, Tübingen, den Schwarz-

nuel des Voyageurs sur le Rhin qui passent de Schaffhouse jusqu'en Hollande … avec des excursions à Heidelberg par la Bergstrasse, par Darmstadt et Francfort (Heidelberg 1818), d'Alois Schreiber

La longue lettre xxviii consacrée à Heidelberg, « cette lettre interminable », comme le remarque l'auteur de façon ironique dans son « post-scriptum », assume ainsi une fonction de clef de voûte de l'architecture du *Rhin*. Trois fois plus longue que la moyenne des autres lettres de voyage, elle forme le point culminant de la première partie du voyage, du Rhin romantique proprement dit, à laquelle elle sert en même temps de clôture, alors que le reste des lettres, de Strasbourg jusqu'à Lausanne, ne traite plus que d'étapes de voyage isolées. Charnière entre deux parties, Heidelberg devient, en plus, l'emblème de la fonction de charnière du récit *Le Rhin* dont la publication de la première version, en 1842 – celle de la version définitive se fera encore attendre trois ans –, semble sceller à la fois la fin de la tradition romantique du voyage du Rhin et la fin de la carrière romantique du poète. À cet égard, l'échec de la première représentation du dernier grand drame, *Les Burgraves* (1843), qui s'inspirait directement du voyage du Rhin, paraît symptomatique.

Pour donner à la lettre xxviii cette place proéminente, Hugo a d'ailleurs consciemment culbuté l'ordre chronologique et topographique de ses voyages. Lors d'une première excursion, de septembre jusqu'en octobre 1839, Hugo avait visité l'Alsace, Fribourg, Bâle, Schaffhouse, Zurich et le lac de Genève ; les onze lettres de voyage devaient former plus tard la seconde partie du *Rhin,* dont l'idée ne semble pas remonter au-delà de 1840. La visite de la ville de Heidelberg faisait en effet partie du grand voyage du Rhin, de fin août jusqu'au début novembre, mais au lieu de partir de là directement pour Trèves, comme il l'avait projeté, Hugo fut tenté d'entreprendre un grand détour par Stuttgart, Tübingen, la Forêt Noire et Karlsruhe, sans inclure toutefois cette partie typique de

wald und Karlsruhe verführen, nahm diese immerhin typische Gegend des romantischen Deutschlands aber gleichwohl nicht in den späteren Reisebericht auf. Das eigentlich Störende aber war das Datum dieser Reise selbst, deren zugleich gutgelaunte und mystische Spurensuche kaum etwas von der größten politischen Krise seit den napoleonischen Kriegen ahnen läßt. Einige Auswirkungen dieser publizistischen und literarischen Fehde, die beinahe zu einem wirklichen Krieg geführt hätte, findet man in dem schon genannten Anhang zum Rheinbuch, in dem der Autor das große Projekt einer europäischen Union auf der Grundlage einer deutsch-französischen Versöhnung zwischen dem mystischen deutschen Geist und der französischen „clarté" entwirft – freilich unter der Bedingung, daß das linke Rheinufer wieder zu Frankreich geschlagen würde. Hugo hat seine Reise folglich zwei Jahre zurückdatiert und sie dabei chronologisch an einen früheren Ausflug nach Belgien 1838 angeschlossen, so daß die Chronologie des Buches die reale Chronologie umkehrt. Eine Ironie der Entstehungsgeschichte ist allerdings, daß das Heidelberg-Kapitel für die Publikation der Erstfassung 1842 noch gar nicht fertig war und erst in der zweiten Auflage von 1845 seinen heutigen Platz einnimmt. Erst die endgültige Fassung läßt daher den Gesamtplan deutlich hervortreten, indem sie dem Brief XXVIII seine unverwechselbare Funktion als Zusammenfassung und Höhepunkt der Rheinreise zuweist.

Zum ersten Mal geht es nicht darum, die flüchtigen Reiseeindrücke festzuhalten, sondern die wachsende Verwurzelung und das wiederholte Glück kontemplativer Betrachtung zu beschreiben. Erst ein längerer Aufenthalt scheint den Reisenden instand zu setzen, seine „visionäre" Methode des Verstehens des anderen bis zur Vollkommenheit zu treiben und gleichsam um die Dinge zu kreisen, um ihnen ihr Geheimnis zu entreißen. Zum ersten Mal seit Antritt der Reise kann man von einer regelrechten Strategie der Langsamkeit sprechen, die offensichtlich einem solchen Ort abseits der großen Verbindungsstrecken angemessen war. Dabei verläßt sich der Besucher ganz auf den Zufall und verzichtet auf jedes systematische, im voraus geplante Vorgehen. „Meine Abenteuer hin-

l'Allemagne romantique dans son récit de voyage. Cependant, le grand inconvénient, c'était la date même de ce voyage dont l'allure mystique et la bonne humeur affichée ne laissent en rien soupçonner la plus grande crise politique qui secoua l'Europe depuis les guerres napoléoniennes. Il aurait certes été un peu ridicule de rédiger un voyage « romantique » du Rhin au moment même où la fameuse « bataille du Rhin » soulevait l'opinion publique en France et en Allemagne. On retrouve quelques répercussions de cette bataille publicitaire et littéraire qui menaçait d'aboutir à une véritable guerre, dans la *Conclusion* du *Rhin*, vaste projet d'une union européenne sur la base d'une entente franco-allemande dans laquelle le génie mystique de l'Allemagne s'amalgamerait à la « clarté » française – le tout d'ailleurs à condition que la « rive gauche » du Rhin appartînt de nouveau à la France. Hugo a donc pris soin de reculer la date de son voyage de deux ans en le reliant à une excursion antérieure en Belgique, datant de 1838. La chronologie du livre intervertit ainsi la chronologie réelle. Cependant, ironie de la rédaction, la lettre portant sur Heidelberg n'étant pas terminée au moment de la première publication en 1842, on a dû attendre la seconde édition de 1845 pour trouver cette lettre incluse. Ce n'est que la version définitive qui fait donc ressortir l'architecture de l'ensemble en conférant à la lettre XXVIII cette fonction unique d'un résumé et d'un point culminant du voyage du Rhin.

Pour la première fois, il ne s'agit pas de noter les impressions fugitives d'un passage, mais de décrire l'enracinement, la béatitude de la contemplation réitérée. Ce n'est que dans les conditions d'un séjour prolongé que le voyageur semble être à même de pousser à la perfection sa méthode « visionnaire » de comprendre l'autre, de tourner autour des choses dans l'espoir de leur arracher leur secret. Pour la première fois depuis le début du voyage, Hugo pratique une stratégie de la lenteur appropriée, semble-t-il, à ce lieu situé à l'écart des grandes routes. Essai de compréhension, en plus, pour lequel le visiteur fait confiance au hasard, en dédaignant toute démarche systématique et réglée. « Mes aventures et mes travaux, à

gegen und meine Leiden, die des Ihnen vertrauten fleißigen Nichtstuers, sind nicht neu für Sie. Sie kennen sie alle auswendig",
schreibt der Autor: „Es sind einsame Spaziergänge auf verlorenen
Pfaden, Blicke auf die Sonnenstrahlen im Moos, Besichtigungen
von Domen oder Dorfkirchen, das Blättern in einem alten Buch im
Schatten eines alten Baums, Auskünfte, die ich von einem einfachen Bauern einhole, ein schöner Käfer mit goldviolettem Panzer
…" usw. Anders als die bisher besuchten Durchgangsorte ist Heidelberg ein Ort der Muße, an dem der Autor „seinem Geist ein
Frühstück gewähren" kann, was im übrigen um so leichter ist, als,
abgesehen vom Schloss, „inmitten der Anhäufung von unbedeutenden weißen Häusern, aus denen Heidelberg gegenwärtig besteht", nicht viele große Denkmale übrig sind. Im Gegensatz zu
den zu Recht berühmten, großen Tourismuszentren ist Heidelberg
also ein Ort der Tiefe und der Träumerei: „Dort gebe ich mich meiner Versunkenheit hin, ich verliere mich, ich marschiere vor mich
hin, ich nehme den ersten Weg, der sich mir bietet; ich betrachte,
Kapitell für Kapitell, die Bäume, diese Pfeiler der großen geheimnisvollen Kathedrale, und in die Lektüre der Natur vertieft, wie
alte Puritaner in die Meditation über die Bibel, suche ich Gott".
Auf den Spuren Gottes stellt sich der Reisende mithin als „einsa-
mer Spaziergänger" in der Nachfolge Rousseaus dar: „So wandere
ich den ganzen Tag, ohne recht zu wissen, wo ich bin, den Blick
meistens auf den Boden gerichtet, den Kopf dem Pfad zugeneigt,
die Hände auf dem Rücken, und lasse die Stunden verstreichen und
greife die Gedanken auf, wenn ich welche finde". Anders als der typische *Tourist* der Epoche (und auch noch unserer Zeit) hat unser
Reisender kein Programm; als Flaneur avant la lettre sucht er stets
nach „diesem dunklen Rätsel", das sich nur dem erschließt, der Zeit
zum Warten hat. Kein anderer Ort der Rheinreise vermag daher
wie Heidelberg und seine Umgebung zu einer fast mystischen For-
schung anzuregen.

Ganz anders als zum Beispiel Alexandre Dumas, der sich mit ein
paar eingängigen historischen Anekdoten begnügt, will Hugo die
geschichtlichen Gesetze verstehen, die von Gott selbst, dem „großen Antithesen-Bauer" (Brief xxv), stammen. Und anders als etwa

moi, laborieux fainéant que vous connaissez bien, cher Louis, vous les savez par cœur », écrit l'auteur : « c'est une promenade solitaire dans un sentier perdu, la contemplation d'un rayon de soleil sur la mousse, la visite d'une cathédrale ou d'une église de village, un vieux livre à l'ombre d'un vieux arbre, un petit paysan que je questionne, un beau scarabée enterreur cuirassé d'or violet… », etc. Plus que les lieux de passage visités jusque-là, Heidelberg est le lieu du loisir où l'auteur peut « faire déjeuner son esprit » – et ce d'autant plus que, le château excepté, il ne reste pas beaucoup de grands monuments « dans cet insignifiant entassement de maisons blanches qui composent à présent Heidelberg ». À la différence des grands centres touristiques à juste titre célèbres, Heidelberg est donc elle-même une ville de la profondeur et de la rêverie : « Là, je m'enfonce, je me perds, je marche devant moi, je prends le chemin qui se présente ; je regarde, chapiteau par chapiteau, les arbres, ces piliers de la grande cathédrale mystérieuse ; et, plongé dans la lecture de la nature, comme les vieux puritains dans la méditation de la Bible, je cherche Dieu. » Le voyageur désireux de rencontrer les traces de Dieu, se présente comme « promeneur solitaire » à la Rousseau : « Je vais ainsi toute la journée, sans trop savoir où je suis, l'œil le plus souvent fixé à terre, la tête courbée vers le sentier, le bras derrière le dos, laissant tomber les heures et ramassant les pensées quand j'en trouve. » Contrairement à l'image du *touriste* de l'époque (et de nos jours), ce voyageur n'a pas de programme : flâneur avant la lettre, il est toujours à la recherche de « cette sombre énigme » qui ne se révèle qu'à celui qui a le temps d'attendre. Plus qu'aucun autre lieu du voyage du Rhin, Heidelberg et ses environs représentent donc le lieu propice d'une grande investigation quelque peu mystique.

Loin de se contenter, tel un Alexandre Dumas, de quelques anecdotes historiques faciles, il voudrait comprendre les lois qui régissent l'Histoire et qui sont précisément celles instaurées par Dieu lui-même, « le grand faiseur d'antithèses » (Lettre xxv). Et loin de

Théophile Gautier, der die malerische Oberfläche sucht, ist er bemüht, in der Tiefe nach dem Urgrund der Dinge zu graben. Die zitierte Stelle zeigt ja durchaus die gewaltsame und störrische Seite in diesem unerschütterlichen Wunsch, die Dinge zum Sprechen zu bringen. Der großartige Brief xxv, „Der Rhein", hatte die Symbolik der Flußaufwärts-Reise geltend gemacht; flußaufwärts reisen heißt aber gegen den Strom der Geschichte schwimmen, um sich den Ursprüngen zu nähern. Letztere verweisen auf den Punkt, an dem sich die beiden großen Begriffe des Hugoschen Denkens: Geschichte und Natur treffen. „Mein Freund, mein Freund! Was die Dinge nicht alles machen! Ob sie es selbst wissen? [...] Oft, wenn ich die Geschichte der Natur gegenüberstelle und mich in endlose Vergleiche vertiefe zwischen den Ereignissen, in denen Gott sich verbirgt, und der Schöpfung, in der er sich offenbart, erzitterte ich plötzlich wie in geheimer Furcht [...]" Der Reisende muß also auf den Zufall der Begegnung vertrauen, durch den er plötzlich ein Stück vom Gewand Gottes erhaschen kann. In Köln hatte er bereits von „jener dunklen göttlichen Maschinerie" gesprochen, „die die einen Vorsehung und die anderen Zufall nennen, die alles durchmischt, verbindet und zersetzt, deren Räderwerk im Dunklen verborgen bleibt, während die Ergebnisse sichtbar werden."

Das Wirken des dunklen Räderwerks der Vorsehung zutage zu fördern, dies ist das eigentliche und höchste Ziel, das die beiden zentralen Motive dieses Reiseberichts im allgemeinen und des Briefes xxviii im besonderen erklären dürfte: die Bergbesteigung und die nächtliche Vision. Mehr als einmal hatte der Autor auf seine Manie, die Dinge von oben zu sehen, hingewiesen; ein berühmtes Kapitel der „Misérables" spricht von der Vogelflugperspektive. Was der Autor aber immer schon praktiziert hatte, das wird in der Gegend von Heidelberg zu einer regelrechten Methode – fast auf Kosten einer längeren Besichtigung der Unterstadt und der Neckarufer. Denn Heidelberg ist „eine dieser Städte", wo sich „Knoten von Ereignissen bilden, wie sich Wolken über hohen Bergen zusammenballen". Die Landschaft ähnelt auf diese Weise „einer großen, fast runden Landkarte, durch die Entfernung und den Dunst verwischt, ein Anblick, wie er sich Jesus Christus geboten haben

chercher, tel un Théophile Gautier, la surface pittoresque des choses, il voudrait creuser afin de retrouver le fond sublime. Comme le passage cité l'a montré, il y a un côté violent et obstiné dans cette volonté inébranlable de faire parler les choses. La grande lettre XXV a fait valoir le symbolisme d'un voyage fait pour ainsi dire à contre-courant : remonter le fleuve équivaut en effet à remonter le courant de l'Histoire ; c'est une recherche des origines en approchant successivement le point de convergence des deux grands termes de la pensée hugolienne, l'Histoire et la Nature : « Mon ami ! mon ami ! ce que font les choses, elles le savent peut-être ; … Souvent, en confrontant l'histoire avec la nature, au milieu de ces comparaisons éternelles que mon esprit ne peut s'empêcher de faire entre les événements où Dieu se cache et la création où il se montre, j'ai tressailli tout à coup avec une secrète angoisse … ». Le voyageur doit ainsi faire confiance au hasard d'une rencontre susceptible d'éclairer brusquement un pan du vêtement de Dieu. À Cologne, il avait déjà parlé de « je ne sais quelle machine obscure et divine appelée par les uns la *providence*, par les autres le *hasard,* qui mêle, combine et décompose tout, qui dérobe ses rouages dans les ténèbres et qui étale ses résultats au grand jour ».

Chercher les rouages de la Providence dans les ténèbres pour étaler les résultats au grand jour, ce but suprême semble expliquer les deux grands thèmes de ce récit de voyage en général et de la lettre XXVIII en particulier : l'ascension et la vision nocturne. Maintes fois l'auteur a en effet attiré l'attention sur sa « manie » de regarder les choses d'en haut, « à vol d'oiseau », comme l'indique un chapitre célèbre des *Misérables*. Ce que l'auteur avait pratiqué un peu partout, il en fera une véritable méthode dans la région de Heidelberg – au détriment même d'une visite plus circonstanciée de la ville basse et des rives du Neckar. Heidelberg est justement « une de ces villes » où « il se forme des nœuds d'événements comme il se forme des nœuds de nuages sur les hautes montagnes ». Voilà que le paysage ressemble à « une grande carte géographique presque circulaire, estompée par la distance et la vapeur, comme celle que dut voir

muß, als Satan ihn auf den Berg führte, um ihm das Königreich dieser Erde anzubieten".

Doch da die Ganzheitsschau mit ihrem fast religiösen Anstrich der Gottesschau und den Visionen der Propheten verwandt ist, bleibt die Erkenntnis der Wahrheit der Dinge wohl an „so wunderliche Nachtstunden" gebunden, die allein eine Tiefensicht verbürgen. Das ganze Rheinbuch ist bekanntlich durch die großen nächtlichen Szenen rhythmisch gegliedert, in denen die romantische Liebe zum Träumen jeweils die folgende Offenbarung vorbereitet. Aber im Gegensatz zu den entsprechenden Augenblicken in Köln, Andernach und St. Goar scheint hier der ganze Heidelberg-Aufenthalt in eine nächtliche Stimmung getaucht, die mit der Abendszene am Heidenloch beginnt und mit dem Mondschein endet, der ein bald friedliches, bald bleiches und düsteres Licht auf das „Geheimnis" der Schloßruine wirft. „Mondschein auf Ruinen ist mehr als Licht", erklärt Hugo, „er strahlt Harmonie aus." Das Mondlicht stellt in der Tat ein mystisches Licht dar, welches das eigentliche Wesen, und das heißt, den zutiefst tragischen Charakter der menschlichen Dinge hervortreten läßt. Deshalb scheint es auch dem Verständnis des Wesens der Ruinen besonders geeignet. Das Mondlicht breitet „einen Schleier über die zerbrochenen Gegenstände", es „umgibt die Majestät alter Gebäude mit einer Art von verschwommener Aureole"; es trägt dazu bei, die billigen Wirkungen der malerischen Ästhetik zu überwinden und den Dingen ihre erhabene Dimension zurückzugeben: „Man sollte sich einen verfallenen Palast oder ein Kloster lieber in der Nacht als bei Tage ansehen. Das harte Sonnenlicht verflacht die Ruinen und beeinträchtigt die traurige Würde der Statuen."

Die Bergbesteigungen in den vier nächtlichen Visionen verleihen dem Brief XXVIII einen eigenen Rhythmus, der auf dem geschickten Ausgleich von Analogien und Gegensätzen beruht. So steht die dämonische Tiefe im ersten Teil der Offenbarung der Harmonie im zweiten Teil so gegenüber, wie die Besichtigung der Burg Schwalbennest antithetisch diejenige des Heidelberger Schlosses vorwegnimmt. Der eingangs geschilderte Abendspaziergang entlang dem Philosophenweg und die Entdeckung des Heidenlochs verbinden den ersten Panoramablick mit dem Motiv der Brunnentiefe: „der

Jésus-Christ quand Satan le transporta sur la montagne pour lui offrir les royaumes de la terre ».

Mais étant donné que la vision d'ensemble – aux connotations presque religieuses – s'apparente à la vue de Dieu et des prophètes, l'intuition de la vérité des choses semble être liée à « ces heures bizarres de la nuit » qui seules sauraient procurer au moi une vision en profondeur. On sait que le livre du *Rhin* est rythmé par les grandes scènes nocturnes, dans lesquelles s'exprime le goût romantique de la rêverie et qui donnent lieu à autant de révélations. Cependant à la différence des quelques moments décrits à Cologne, à Andernach et à Saint-Goar, le séjour de Heidelberg semble plongé dans une atmosphère nocturne qui commence par la scène du soir passé près du Heidenloch et qui se termine par un clair de lune jetant une lumière tantôt paisible, tantôt blême et sinistre sur le « mystère » du château en ruine. « La lune dans les ruines est mieux qu'une lumière, déclare Hugo, c'est une harmonie. » La lumière de la lune est en effet une lumière mystique qui est apte à faire ressortir le véritable caractère, caractère foncièrement tragique, des choses humaines. C'est pourquoi la lune semble être particulièrement appropriée à la compréhension de l'essence des ruines. En jetant « un voile sur les choses brisées » et en ajoutant « je ne sais quelle auréole brumeuse à la majesté des vieux édifices », le clair de lune contribue en outre à dépasser les effets faciles de l'esthétique pittoresque pour restituer aux objets leur dimension sublime. « Il vaut mieux voir un palais ou un cloître écroulé, la nuit que le jour. La dure clarté du soleil fatigue les ruines et importune la tristesse des statues. »

Les ascensions liées aux quatre visions nocturnes ponctuent rythmiquement la lettre XXVIII. Leur arrangement obéit à une architecture savante d'analogies et de contrastes. Ainsi le thème de la profondeur démoniaque de la première partie s'oppose à la révélation harmonieuse de la seconde partie, de même que la visite du château-fort du « Schwalbennest » annonce par antithèse celle du château de Heidelberg. La promenade initiale du soir, le long du « Philosophenweg », et la découverte du « Heidenloch » combi-

schwarze und ungeheuerliche Kopf eines erschreckenden Pluto, der sein flammenspeiendes Maul aufreißt". Diese monströse Phantasie, die in den phantasmagorischen Einbildungen am Ende wieder aufgenommen wird, steht unmittelbar vor dem friedlichen Ausflug ins Neckartal, „ein zauberhaftes Tal, ein Tal für Archäologen und Träumer", das historische Tiefe, die volkstümliche Überlieferung und Formen des volkstümlichen Aberglaubens evoziert. Die Burgruine des „schrecklichen Edelmanns und Raubritters, den man Bligger die Geißel nannte", ein „ausgehöhlter Klumpen", stellt dagegen die gespenstische Kehrseite der Geschichte dar, ähnlich wie das „undurchdringliche Vegetationsgewölbe, das die Ruine einschließt und umhüllt", in der untergehenden Sonne die widerwärtige und chaotische Seite der Natur bezeichnet. Beim Eindringen hat der Besucher tatsächlich das Gefühl, sich in ein wildes Tier zu verwandeln: „Ich bin dort nur mit Mühe eingedrungen und habe in dem Strauchwerk einen Lärm gemacht wie ein wildes Tier". Hier wie am Heidenloch wird ein Abstieg in die Unterwelt, in die Nacht der Zeit und in die Nacht der menschlichen Seele nahegelegt, aus der der Besucher dann wieder zum Leben aufsteigt: „Mir war, als verließe ich ein Grab und würde das Leben wieder erblicken".

Nach solchen düsteren Momenten kann der Besucher dann endlich die positiven Seiten seiner nächtlichen Initiation erfahren. Die Besteigung des Kleinen Geißbergs verschafft ihm einmal mehr die typisch romantische Erfahrung des Panoramablicks. Eine ganze Reihe geschichtlicher Erinnerungen von den Römern bis zum Marschall Turenne scheint „diese herrliche Landschaft" und ihren „prächtigen Horizont" zu beleben. Die „nachdenkliche Betrachtung" des Reisenden weicht schließlich einem Augenblick der Hochstimmung, durch den die Katastrophen der Geschichte und „die Kleinheit des Menschen" in dem „Erstaunen vor der Natur" und einer ganzheitlichen Sicht der Vorgeschichte aufgehoben werden. „Wie Sie wissen, lieber Louis, steigt auf diesen Höhen in feierlichen Momenten eine Flut von Gedanken in einem auf, die einen unmerklich erfüllt und in der das eigene Bewußtsein fast völlig untergeht". Damit ist der Besucher für die wichtigste Aufgabe der nächtlichen Besichtigung des Schlosses gerüstet, das als „eines jener

nent la première vision panoramique avec le thème du gouffre de la citerne : « La tête noire et monstrueuse d'un effrayant Pluton ouvrant sa gueule pleine de feu ». Cette fantaisie monstrueuse qui sera reprise par les fantasmagories de la fin, précède immédiatement l'excursion paisible dans la vallée du Neckar, « ravissante vallée, vallée d'archéologue et vallée de rêveur », qui évoque la profondeur historique, « la mémoire du peuple » et les superstitions populaires. La ruine du château de « l'effroyable gentilhomme-bandit qu'on nommait Bligger le Fléau », « cette masse caverneuse », par contre, présente la face grimaçante de l'histoire, de même que « l'impénétrable voûte de végétation qui ferme et enveloppe la ruine », symbolise, au coucher du soleil, la face hideuse et chaotique de la nature. En y pénétrant, le visiteur a l'impression de se métamorphoser en bête sauvage : « Je suis entré là avec beaucoup de peine, en faisant dans les broussailles un bruit de bête fauve. » Comme le « Heidenloch », l'épisode insinue une descente aux enfers, dans la nuit des temps et de l'âme humaine, d'où le visiteur remonte à la vie « Il me semblait que je sortais d'une tombe et que je revoyais la vie. »

Après ces moments lugubres, le visiteur sera libre de subir les aspects positifs de son initiation nocturne. L'ascension du « Kleine Geissberg » lui procure une fois de plus l'expérience panoramique chère à tous les romantiques. Toute une galerie de réminiscences historiques, depuis les Romains jusqu'au maréchal Turenne, semblent peupler « ce magnifique paysage» et son « splendide horizon ». La « contemplation profonde » du voyageur donne lieu à un moment d'euphorie par laquelle les catastrophes de l'histoire et « la petitesse de l'homme» se trouvent neutralisées par les « éblouissements de la nature » et une vision totalisante de la préhistoire. « Vous savez, Louis, sur les hauts lieux, dans les moments solennels, il y a une marée montante d'idées qui vous envahit peu à peu et qui submerge presque l'intelligence. » Voilà que le visiteur est suffisamment préparé à affronter la tâche principale de la visite nocturne du château, symbole de totalité et « un de ces édifices où

Bauwerke, in dem sich die anderswo nur verstreuten Schönheiten häufen und eine Mischung eingehen", zum Symbol der Ganzheit wird. Hier spielt das Mondlicht zum ersten Mal eine entscheidende Rolle, da es den magischen Charakter der von Hugo bewußt als Schluß- und Höhepunkt einer Erfahrung, ja der gesamten Rheinreise konzipierten Szenen hervorhebt. Die letzten Seiten des Briefes beziehen ihren unvergleichlichen Charakter aus diesem Motiv.

In den aufeinanderfolgenden Besuchen des Heidelberger Schlosses spiegelt sich nämlich die Botschaft einer ganzheitlichen Ästhetik, welche weit über die Ruinen- und Mondscheinromantik hinausreicht, wie sie in Frankreich durch Chateaubriand und die Frühromantiker populär gemacht worden war. „Die Heidelberger Residenz hat von allem etwas" – diese Bemerkung Hugos gilt nicht nur für die bekannte Stilvielfalt; sie verweist auch auf den emblematischen Charakter des Gebäudes im Hinblick auf die Ästhetik des Autors. Bekanntlich bilden die Harmonie der Gegensätze und die Formel „Einheit in der Vielfalt" ein Grundthema Hugos. Harmonie zunächst von Kunst und Natur, insofern hier die Geometrie des Steines mit der Arabeske der Pflanzen verschmilzt: „Arabesken bilden Strauchwerk, und Sträucher bilden Arabesken". Hugo, der sich dabei wahrscheinlich durch den Führer von Graimberg anregen ließ, spricht hier von den „wundervollen Phantasien der freien und ungezähmten Kunst", wobei er auch das Ideal einer natürlichen, der göttlichen Schöpfung analogen Kunst beschwört. Denn wenn Gott der Herr der Geschichte und der Natur ist, dann ist die Schloßruine als Kunstwerk und historisches Denkmal auch das Symbol der Versöhnung der zwei großen Pole der menschlichen Existenz; sie ist das der Natur zurückgegebene Werk der Zivilisation und ein durch das magische Licht verlebendigtes Stilleben. Im Mondlicht scheint die Ruine sich zu beleben und zum lebendigen Symbol der tiefsten Bestrebungen der Hugoschen Ästhetik zu werden: „Es war die Stunde, da die Fassaden der alten verlassenen Gebäude keine Fassaden mehr sind, sondern Gesichter". Das Zusammenspiel von Kampf und Harmonie, eine Art Pendelbewegung zwischen Natur und Geschichte, bildet ein Leitmotiv des ganzen Reiseberichts. Das Heidelberger Schloß bildet so den Ort einer

s'accumulent et se mêlent les beautés éparses ailleurs ». Ici, pour la première fois, le clair de lune jouera un rôle déterminant en rehaussant le caractère magique de ces scènes que Hugo a délibérément conçues comme le point final culminant d'une expérience qui – nous l'avons vu – marque aussi le point culminant du voyage du Rhin. La lune doit rehausser le caractère unique de ces dernières pages.

Les visites successives du château de Heidelberg comportent, en effet, une leçon d'esthétique totalisante qui dépasse de loin la poétique des ruines et du clair de lune telle que l'avait mise à la mode en France l'exemple de Chateaubriand et du romantisme naissant. « Il y a de tout dans le manoir de Heidelberg. » Cette remarque de Hugo ne vaut pas seulement pour la variété bien connue des styles ; elle désigne aussi le caractère emblématique de l'édifice par rapport à l'esthétique de l'auteur. Rappelons que le thème fondamental de Hugo peut être vu dans l'harmonie des contraires et dans la formule : l'unité dans la variété. Harmonie d'abord de l'art et de la nature, en ce sens que la géométrie de la pierre s'amalgame à l'arabesque des plantes : « Les arabesques font des broussailles, les broussailles font des arabesques. » En s'inspirant probablement du guide de Graimberg, Hugo parle ici des « merveilleuses fantaisies de l'art libre et farouche », en évoquant l'idéal d'un art naturel analogue à la création de Dieu ; car si Dieu est le maître de l'histoire et de la nature, la ruine du château, œuvre d'art et monument historique, est susceptible d'être interprétée elle-même comme le symbole de la réconciliation des deux grands pôles de l'existence humaine, comme ouvrage de la civilisation restitué à la nature et comme œuvre morte rendue vivante par la lumière magique. Au clair de lune, la ruine semble se dynamiser pour devenir le symbole vivant des tendances les plus profondes de l'esthétique hugolienne : « C'était l'heure où les façades des vieux édifices abandonnés ne sont plus des façades, mais des visages. » Le jeu de la lutte et de l'harmonie, mouvement pendulaire entre la nature et l'histoire, forme un *leit-*

endgültigen Versöhnung und Bewußtwerdung. Deshalb betont der Dichter schließlich: „Ich persönlich hatte den Eindruck, als sei diese Ruine von einer göttlichen Ordnung durchdrungen. Mir scheint, daß dieser von Feen der Renaissance erbaute Palast erst jetzt in seinem natürlichen Zustand ist". Das Schloß ist so ein Zeichen Gottes, in dem der Dichter und Reisende seine eigenen höchsten Sehnsüchte erkennt.

Doch man kann noch weiter gehen. Die Hugosche Ästhetik erschöpft sich nämlich nicht nur im Kampf der Gegensätze und dem fruchtbaren Konflikt zwischen den zwei Polen der Natur und Geschichte, sie beruht auch auf der Entdeckung des Grotesken oder genauer: auf dem Kampf zwischen dem Erhabenen und dem Grotesken als ganzheitlichem Prinzip der Moderne. Eben dieses Prinzip scheint der Autor in der vertikalen Struktur des Schlosses wiederzuerkennen, in dem die künstlerische Schönheit des Palastes und die Größe der historischen Erinnerungen sich über dem Keller mit dem berühmten Faß erheben: „Seltsames Geschick! Dieser erstaunliche Palast, der Schauplatz von Festen und Kriegen war, in dem die Grafen bei Rhein und die Herzöge von Bayern, die Könige von Böhmen und deutsche Kaiser wohnten, ist heute nur ein kunstvolles Behältnis für ein Faß". „Die grandiosen Trümmer", „diesen epischen Verfall", „dieses ganze große Bauwerk und damit diese ganze große Geschichte" bezwecken nach Hugo nichts anderes, als „eine Phantasie Pantagruels" einzuhüllen. „Wenn man dieses merkwürdige Ding sieht, glaubt man, in der Finsternis dieser Ruine das schallende Gelächter Gargantuas zu vernehmen". „Rabelais in der Welt Homers" – mit dieser Formel ist das Groteske gemeint, das sich mitten im Erhabenen niederläßt. Aber Hugo verstärkt noch die düstere Färbung, wenn er in der Folge die Uhr des Hofnarren Perkeo beschreibt, der am Hofe des Pfalzgrafen Karl-Philipp gelebt hatte, und in „dieser häßlich-fröhlichen Maske" die entsetzliche Existenz des Narren vergegenwärtigt.

Erst im Lichte dieser disparaten Erfahrung von „etwas unüberwindbar Erschreckendem in allem Finsteren, das sich mit Erhabenem paart" kann der Dichter einen vorläufigen Schluß ziehen. Die Ruine ist nun zum Symbol der menschlichen Ganzheit geworden,

motiv de ce récit de voyage. Le château de Heidelberg marque ainsi le point d'une réconciliation définitive et d'une prise de conscience. C'est pour cela que le poète s'exclame : « Quant à moi, cette ruine m'a paru pleine d'un ordre divin. Il me semble que ce palais, bâti par les fées de la Renaissance, est maintenant dans son état naturel. » Signe de Dieu lui-même dans lequel le poète voyageur reconnaît ses propres aspirations les plus hautes.

Cependant, il y a plus. On sait que l'esthétique hugolienne, ce n'est pas seulement la lutte des contraires, le conflit fertile entre les deux pôles de la nature et de l'histoire, c'est aussi, et en même temps, la découverte du grotesque ou plutôt la lutte entre le sublime et le grotesque comme principe totalisant de la modernité. Or, il semble que l'auteur découvre ce principe même dans la structure verticale du château : grâce à elle, la beauté artistique du palais et la grandeur des souvenirs historiques s'érigent au-dessus de la cave et son fameux tonneau : « Bizarre destinée ! ce prodigieux palais, qui a été la demeure des comtes du Rhin et des ducs de Bavière, des rois de Bohême et des empereurs d'Allemagne, n'est plus aujourd'hui que l'enveloppe compliquée d'un tonneau. » « Les décombres grandioses », « cet écroulement épique », « tout ce grand édifice et toute cette grande histoire », ne servent qu'à envelopper ce que Hugo appelle « une fantaisie pantagruélique ». « Quand on aperçoit cette chose étrange, on croit entendre dans les ténèbres de cette ruine l'immense éclat de rire de Gargantua. » C'est bien « Rabelais logé chez Homère », c'est-à-dire le grotesque installé au cœur même du sublime, mais Hugo se plaît à renforcer la tonalité sinistre en décrivant par la suite l'horloge de Perkeo, nain bouffon du palatin, et en évoquant l'existence atroce de ce personnage rappelé par « le masque hideusement joyeux ».

Ce n'est qu'à la lumière de cette expérience disparate d'une « sorte de terreur insurmontable dans le sinistre mêlé au superbe » que le poète sera capable de tirer une conclusion provisoire. La rui-

vor dem der Dichter – „sah in die Dunkelheit um sich herum" – in tiefe Träumerei versinkt. Abwechselnd betont er die „unaussprechliche Lieblichkeit und Erhabenheit" der nächtlichen Szenerie, dann wieder hebt er den düsteren Anstrich der Ruine in dem Augenblick hervor, da das Mondlicht durch Wolken verschleiert wird: „Jenseits des Grabens [...] erschien mir der gesprengte Turm [...] wie ein riesiger Totenkopf [...]. Und unten am Berghang verkörperten eingestürzte Mauervorsprünge auf erschreckende Weise die Kiefer. In meinem ganzen Leben habe ich nie etwas Melancholischeres gesehen als diesen großen Totenkopf der dem großen Nichts, Pfalzgrafenschloß genannt, aufgesetzt war". Es ist, als ob dieses desillusionierte Urteil der gespenstischen Vision am Ende der Besichtigung Tür und Tor öffnete und so die zeitweilige Harmonie zwischen dem Besucher und dem Gegenstand seiner Suche in Frage stellte. Bei seinem letzten Besuch hat der Dichter nämlich den Eindruck, in ein verzaubertes, fast unwirkliches Palais einzudringen, dessen Skulpturen ein seltsam phantasmagorisches Schauspiel bilden. „Etwas Regloses und Erschreckendes pochte um mich an allen Wänden, und sooft ich mich einer düsteren Tür oder einer finsteren Ecke näherte, sah ich darin einen geheimnisvollen Blick aufleuchten." Der indiskrete Besucher fühlt sich umstellt und verfolgt; er hat den Eindruck, in ein „Geheimnis" eingedrungen zu sein.

Die Abschlußszene erinnert uns also an etwas, was die aufgesetzt gute Laune so vieler Reiseberichte der Epoche uns beinahe hätte vergessen lassen: daß nämlich die Aneignung des anderen immer schon eine Art Einbruch und Vergewaltigung ist, daß der indiskrete Reisende stets auch als Eindringling erscheint und nicht ungestraft „die Nichtigkeit des Menschen in der Vergangenheit, die Gebrechlichkeit des Menschen in der Gegenwart, die Großartigkeit der Natur und die Ewigkeit Gottes" durchwühlt. In den letzten Sätzen des Briefes scheint diese Lektion des Schlosses auch für die Stadt und ihre Umgebung zu gelten. Hugo spricht von einer „dreifachen Gestalt", die ihm in den Sinn gekommen sei: „während ich zwischen diesem stets wachen und lebendigen Fluß, der schlafenden Stadt und diesem toten Schloß langsam in der Dunkelheit hinunterstieg".

ne est devenue un symbole de la totalité humaine, devant laquelle le poète sombre dans une profonde rêverie : « regardant les ténèbres que j'avais autour de moi ». Tour à tour, il relève la « douceur » et la « majesté inexprimable » de la scène nocturne ou bien l'apparence lugubre que les décombres prennent au moment où la lune est voilée par quelques nuages : « Au-delà du fossé [...] la tour Fendue [...] m'apparaissait comme une énorme tête de mort [...] En bas, sur la pente du ravin, les saillies du pan de mur tombé figuraient affreusement la mâchoire. Je n'ai de ma vie rien vu de plus mélancolique que cette grande tête de mort posée sur ce grand néant qui s'appelle le château des Palatins. » Tout se passe, en effet, comme si ce jugement désabusé ouvrait la porte à la vision fantasmagorique qui clôt le récit de la visite en rétractant en quelque sorte l'harmonie provisoire entre le visiteur et l'objet de sa recherche. Pendant sa dernière visite, le poète a l'impression de pénétrer dans un palais enchanté, quasi irréel, dont les sculptures se mettent à former une fantasmagorie étrange. « Quelque chose d'immobile et de terrible palpitait autour de moi sur toutes ces murailles, et, chaque fois que je m'approchais d'une porte ténébreuse ou d'un coin brumeux, j'y voyais vivre un regard mystérieux. » Le voyageur indiscret se sent guetté ; il a l'impression d'avoir troublé « un mystère ».

Cette scène finale nous rappelle donc ce que la bonne humeur factice de tant de récits de voyage de l'époque a failli nous faire oublier : à savoir que l'appropriation de l'autre équivaut toujours à une sorte d'effraction et de violation, que le voyageur indiscret est toujours un intrus et qu'il ne fouille pas impunément « le néant de l'homme dans le passé, l'infirmité de l'homme dans le présent, la grandeur de la nature et l'éternité de Dieu ». Dans les dernières phrases de la lettre, cette leçon du château semble se propager aussi à la ville et aux environs. Hugo parle d'une « triple figure » qui se serait présentée à son esprit : « tandis que je descendais à pas lents dans les ténèbres, entre cette rivière toujours éveillée et vivante, cette ville endormie et ce palais mort ».

BEMERKUNGEN
ZU CHARLES GRAIMBERG

Charles de Graimberg (1774–1864), comte français né au Château
de Paars, près de Soissons, émigra avec sa famille en 1791 en Allemagne. En 1810, lors d'un passage à Heidelberg il fit quelques dessins de la cour du château. Fasciné par la beauté des ruines, il décida
de vivre à Heidelberg. Graimberg s'engagea toute sa vie pour la
sauvegarde de la ruine du château, envahie par la nature et vouée à
la démolition. Il fit graver et lithographier ses nombreux dessins de
la ruine (et aussi de la ville et de ses environs) à des milliers
d'exemplaires et réussit à préserver un patrimoine culturel inesti-
mable à l'époque et à le faire connaître. Il publia notamment *Le
Guide des Voyageurs dans la ruine du château de Heidelberg*
(1836) dont Victor Hugo achètera un exemplaire lors de son séjour
à Heidelberg. Cet exemplaire précieux et agrémenté de notes est
conservé dans la Maison de Victor Hugo à Paris.

Les éditeurs

Der französische Graf Charles de Graimberg (1774–1864) wurde
im Schloß von Paars in der Nähe von Soissons geboren. 1791 emi-
grierte er mit seiner Familie nach Deutschland. 1810 zeichnet er
während eines Besuches in Heidelberg im Hof des Schlosses. Von
der Schönheit der Ruine fasziniert, entscheidet er sich, in Heidelberg zu leben. Graimberg setzt sich sein Leben lang für die Erhal-
tung der Schloßruine ein, deren völlig von der Natur überwucherte
Ruinen eigentlich abgetragen werden sollten. Er läßt zahlreichen
Zeichnungen der Ruine (und auch der Stadt und ihrer Umgebung)
tausendfach als Kupferstiche und Lithographien vervielfältigen. So
gelingt es ihm, dieses zu seiner Zeit noch verkannte Kulturgut zu

erhalten und bekanntzumachen. Er publiziert u. a. einen Führer *Le guide des voyageurs dans la ruine de Heidelberg* (1836) (Führer für Fremde durch die Ruinen des Heidelberger Schlosses), von dem Victor Hugo während seines Aufenthalts in Heidelberg ein Exemplar erwarb. Dieses wertvolle und mit Notizen versehene Exemplar wird im Maison de Victor Hugo in Paris ausgestellt.

Die Herausgeber

Abbildungsverzeichnis
Table des illustrations

Cover:
Vieilles Maisons, par Victor Hugo (pierre noire, crayon de graphite gouache, 20 x 33 cm.), M. V. H., Inv. 34. © Musées de la Ville de Paris.

Bild 1 / fig. 1
Portrait de Victor Hugo, par Louis Boulanger, 1837, © Bulloz R. M. N.

Bild 2 / fig. 2
Vue générale du château, de la ville et de la vallée de Heidelberg.
„Erste allgemeine Ansicht des Schlosses, der Stadt und des Thales von Heidelberg. Vom Wege nach dem Wolfsbrunnen. Dédiée au Sauveur de la France, au bon Père de son Peuple, Sa Majesté Louis XVIII. Roi de France et de Navarre. Par le plus affectionné, le plus soumis et le plus dévoué de ses fidèles sujets Charles de Graimberg“.
Charles de Graimberg (1814), Graveur/Kupferstecher: C. Hallenwang (1815). (46,4 x 56,5 cm) K. M. S 863.

Bild 3 / fig. 3
11 octobre Neckarsteinach dans la tour ronde, par Victor Hugo, Carnet de 1840, Folio 49. © R. Lalance

Bild 4 / fig. 4
Même lieu 4h. du s., par Victor Hugo, Carnet de 1840, Folio 41 v°.
© R. Lalance.

Bild 5 / fig. 5
Frédéric II et Othon-Henry – Friedrich II. und Ottheinrich.
Charles de Graimberg (1831), éditeur/Herausgeber: *Les statues des dix-huit princes de la Maison Palatine qui se trouvent au château.*
Die Statuen der achtzehn Stammhäupter der Kurpfalz-Baierischen Fürstenhauses auf dem Heidelberger Schlosse. Dessins de/Zeichnungen von Gustav Dunzinger. K. M. S 853/5 (55,2 x 34 cm)

Bild 6 / fig. 6
Le Gros Tonneau actuel de Heidelberg bâti dans l'année 1751 par Charles Théodore Electeur Palatin, dessiné par Charles Graimberg.
[Das Große Faß]
Gravure extraite du fascicule/Stich aus dem Büchlein *Histoire du gros tonneau de Heidelberg,* Mannheim, 1828. Collection privée/Private Sammlung.

Bild 7 / fig. 7
Projet de frontispice pour le Rhin, par Victor Hugo (encre de chine, aquarelle et gouache, 21,5 x 12,5 cm.), M. V. H., Inv. 60. © Musées de la Ville de Paris.

Bild 8 / fig. 8
12 8bre 6h. du s. ruine du Heiligenberg, par Victor Hugo, Carnet de 1840, Folio 44. © R. Lalance

Bild 9 / fig. 9
Post Fulgur Umbra. Post Umbram Lux (ou *La maison du Chevalier Saint-Georges),* par Victor Hugo (plume et lavis d'encre, aquarelle et mine de plomb, 13 x 16 cm.), M. V. H. Inv. 866. © Musées de la Ville de Paris.

Bild 10 / fig. 10
Vieilles Maisons, par Victor Hugo (pierre noire, crayon de graphite, gouache, 20 x 33 cm.), M. V. H., Inv. 34. © Musées de la Ville de Paris.

Bild 11 / fig. 11
La ruine de la basilique Saint-Michel sur le Heiligenberg [au premier plan: le Heidenloch]
Ruine der Michaelbasilika auf dem Heiligenberg [im Vordergrund: das Heidenloch]
Charles de Graimberg, Crayon/Bleistift, Aquatinte/Aquatinta (10,6 x 6,4 cm)
[d'après Mattheus Merian/nach Matthäus Merian] K. M. Z 757.

Bild 12 / fig. 12
Souvenir du Neckar, par Victor Hugo (plume et pinceau, encres brune et noire, lavis, gouache blanche), M. V. H. Inv. 962. © Musées de la Ville de Paris.

Bild 13 / fig. 13
Vue de la Porte des Satyres dans le Bâtiment d'Othon Henry au Château de Heidelberg.
Ansicht der Thüren der Satyren im Ottheinrichsbaue auf dem Heidelberger Schlosse.
Dédiée par l'Auteur à Messieurs les Architectes et Sculpteurs.
Charles de Graimberg (1819), Graveur/Kupferstecher: A. L. Texier. (52 x 38,9 cm) K. M. Album S 1035.

Bild 14 / fig. 14
Vue de la tour fendue du château de Heidelberg, prise auprès de la Fontaine de la Grotte de Charles Théodore dans les fossés du Château.
Der Gesprengte Thurm am Heidelberger Schlosse, an der Grotte des Karl Theodors Brunnen aus dem Graben gezeichnet.
Charles de Graimberg (1820), Lithographie: P. Wagner (1825). (29,1 x 21,2 cm) K. M. S 793.
K. M. = © Kurpfälzisches Museum Heidelberg – Photos: Inge Klinger

Bild 15 / fig. 15
Satyre et sirène, par Victor Hugo, M. V. H. Inv. 1093. © Bulloz R. M. N.

Bild 16 / fig. 16
Vue du vallon de la ville et du château de Heidelberg, prise du chemin des Philosophes.
Thal, Schloss und Stadt Heidelberg von dem sog. Philosophenweg her gezeichnet.
Dédiée à Monsieur François Bauchelet, Chanoine Honoraire de Strasbourg, Aumônier de S.A.R. la grande Duchesse douairière de Bade et Chevalier de l'Ordre Romain. Par son Serviteur et Ami Charles de Graimberg.
Charles de Graimberg (1818) Graveur/Kupferstecher: A.F.L. Lemaître (16,7 x 19,6 cm) © K.M. S 912.